イタリア・ルネサンス都市逍遥

フィレンツェ：都市・住宅・再生

ヨーロッパ建築ガイド

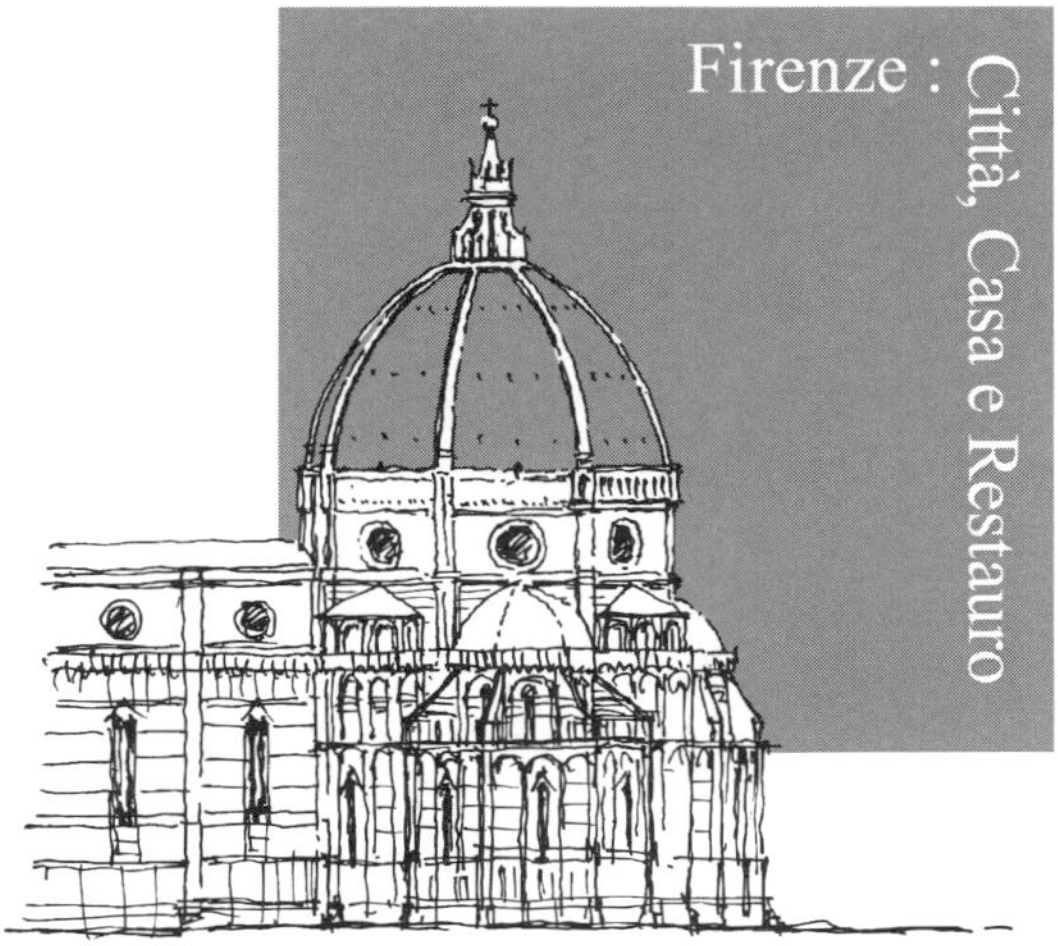

黒田泰介 著

鹿島出版会

共にフィレンツェで暮らした妻直子と娘たちへ、感謝をこめて

はじめに

イタリア・ルネサンス発祥の地、古都フィレンツェ。「ルネサンス」とは再生や復活という意味で、一四〜一六世紀に大きく花開いた、古代ギリシャ・ローマの芸術・文化・学問の復興を目指した一大運動のことだ。フィレンツェは豪商メディチ家がパトロンとなって、レオナルド・ダ・ヴィンチやミケランジェロが活躍したルネサンス芸術の発祥地となった。

フィレンツェの街を歩くと、数多くのルネサンス建築に出会う。聖堂や修道院、貴族や大商人が建てたパラッツォと呼ばれる邸宅が建ち並ぶ街並みは均整がとれ、気品が漂う。しかし一歩裏道に入ると、そこには喧噪に包まれた中世以来のフィオレンティーノ（フィレンツェ市民）たちの生活がある。南欧の光は、ごつごつとした石造の塔の壁面をなで、摩耗してなめらかになった石畳に反射して、道行く人の足下を照り返す。住宅のくすんだ黄色の壁には、緑色の鎧戸が不規則に並び、活気あふれる職人たちの工房が軒を連ねている。

チェントロ・ストリコと呼ばれる歴史的中心地区の全体がユネスコ世界文化遺産に指定されたフィレンツェは、イタリア中部・トスカーナ州の州都であり県庁所在地でもある、三六万人の人口をもつ中堅都市である。都市計画の規制によって新規の建築行為が厳しくコントロールされている歴史的中心地区では、「レスタウロ」と呼ばれる修復技術によって再生された建物が市民の日常生活を支える。築数百年にもなるレンガ造の住宅は、生活空間として立派な現役だ。何よりも、見事に再生された建物は、新築では決して味わえない、積層した歴史が醸し出す独特の深みと豊かさをもつ。

私とフィレンツェとのつきあいは、もうかれこれ二〇年近くになる。イタリア政府給費留学生としてフィレンツェ大学でイタリア都市史を学んだ後、斜塔で有名なピサ市内の建築設計事務所（後にフィレンツェに移転）に三年間勤め、古い住宅の再生からピサの市壁の再生計画まで様々な作業に関わった。現在ではレスタウロに関する研究をメインテーマとして、ゼミで

指導する学生たちと共に、イタリア各地の歴史的建物の実測調査などの活動を続けている。

本書は二〇〇七年四月から二〇〇八年三月までの一年間、勤務先の関東学院大学より長期在外研究の機会を得てフィレンツェ大学の客員研究員として滞在中に、三井ホーム（株）の社内サイト「デザイナーズポケット」に連載していた拙著「フィレンツェ便り」を元に増補・再構成したものだ。今回本書をまとめるにあたって、連載終了後に行った調査の成果や都市と建築に関する最新の情報をふんだんに盛り込み、オリジナル版と比べて大幅なボリュームアップを果たしている。

本書は、フィレンツェの百科辞典的な建築ガイドを目指したものではない。読み進めていただければ、決して少なくない数の有名建築について、ひと言も触れていないことがわかるだろう。これは本書の企画の始まりが、生活者の視点からまとめられたレポートに発すること、歴史的建築の中でも特に住宅に注目していること、また全体を、都市と建築のレスタウロという観点から記述したことに基づく。

本書は大きく、三部に分かれている。「第1部　都市CITTÀ」では、まずは都市フィレンツェの全体像を把握するために、都市の成り立ちについて概観する。ここではさらに広場や橋、ロッジアといった、魅力的な都市空間の数々について考察している。「第2部　住宅CASA」では、市内に残る中世の塔やパラッツォ、市内の一般住宅や郊外の田園の家など、歴史的なものから近代建築まで、計一二件の個人住宅の実測調査とヒアリングを通して、歴史的都市のライフスタイルを語る。最後に「第3部　再生RESTAURO」では「フィレンツェの今」と題して、現在進行中のプロジェクトを含めて、レスタウロによって見事によみがえった歴史的建築物の数々を紹介し、変わりゆく都市の姿を報告していきたい。

目次

はじめに 3

第1部　都市 CITTÀ …… 17

序 18

第1章　都市の成り立ち —— 19

古代ローマ都市 20
中世の都市 22
ルネサンスの都市 27
メディチ家の都市 30
近代以降 33

第2章　広場で過ごす時間 —— 41

都市と広場 42
ドゥオーモ広場とスコッピオ・デル・カッロ 43
シニョリーア広場とサヴォナローラ 46
サンタ・クローチェ広場とカルチョ・ストリコ 48
サンティッシマ・アンヌンツィアータ広場とリフィコローナの祭り 51
サン・ピエール・マッジョーレ広場と積層する時間 55
コラム1　クーポラの見える風景 58

第3章　ポンテ・ヴェッキオとヴァザーリ回廊 —— 59

ルンガルノ 60
ポンテ・ヴェッキオ 61

ヴァザーリ回廊 64
ヴァザーリ回廊を歩く 67

第4章　ロッジアの空間 75
中間領域 76
ロッジアとポルティコ 77
都市空間の中のロッジア 79
住空間とロッジア 85
コラム2　洪水の記憶 91

第2部　住宅CASA 93
住まいのかたち 94

第5章　中世のカーサ・トッレ 95
塔の時代 96
パリアッツァの塔 99
コルソ通りの二本の塔 101
市内に残る塔 102
アルベルティ家の塔 107
カーサ・トッレに住む 108
番外編：サン・ジミニャーノの双子の塔 111

第6章　ルネサンスのパラッツォ 117
塔からパラッツォへ 118
パラッツォの建築的特徴 118
パラッツォ・ダヴァンツァーティ 120
パラッツォ・メディチ・リッカルディ 122
パラッツォ・ルチェッライ 124

トルナブオーニ通りのパラッツォ 126
パラッツォ・ニッコリーニに住む老婦人 131
パラッツォ・ペピのB&B 133
コラム3 パラッツォ巡り 138

第7章 フィレンツェの住宅事情 139
歴史的住宅の形式 140
スカーラ通りの家 141
ピラストリ通りの家 二題 143
オベルダン広場の家 二題 148
サン・ジュゼッペ通りの家 153

第8章 メディチ家のヴィッラと庭園 159
ヴィッラというライフスタイル 160
パラッツォ・ピッティとボボリ庭園 162
ペトライアのヴィッラ 166
カステッロのヴィッラ 169
プラトリーノのヴィッラ 171

第9章 田園の楽しみ方 175
田園風景の保存と活用 176
トスカーナの伝統料理 177
高台のヴィッラ 179
田園の理想郷 182
ブリケッラ農園 184
田園の家 185
コラム4 フィレンツェに住む 188

第3部　再生 RESTAURO……189
都市と建築のレスタウロ 190
第10章　フィレンツェの今――193
カレッジのマイヤー小児病院 194
旧レオポルダ駅 196
トラムの建設 198
大ウフィツィ計画 199
オブラーテ図書館 202
レ・ムラーテの再生計画 204
おわりに 210
参考文献 211
図版出典 213

セルヴィ通りから大聖堂へと続く都市の軸線（第１章）

ドゥオーモ広場で盛大に行われるスコッピオ・デル・カッロの祭り（第２章）

４頭の白牛に牽かれる山車（第２章）

三面をポルティコに囲まれたサンティッシマ・アンヌンツィアータ広場（第２章）

フィエルコラの市（第２章）

アルノ川河畔に連なるヴァザーリ回廊のアーチ（第３章）

コルソ通りに面して建ち並ぶ２本の塔
ドナーティ-リッチ家（左）とギベルティ家（右）の塔（第５章）

パラッツォ・ペピ。緑あふれる屋上テラス（第６章）

シックなデザインで改装されたＢ＆Ｂのサロン（第６章）

ボボリ庭園。ネプチューンの泉、円形劇場、パラッツォ・ピッティの中庭が連なる軸線 （第8章）

再生が進むレ・ムラーテ。ヴェルデ広場の眺め（第10章）

壁面に残された天使のフレスコ画（ムラータ広場）

15世紀フィレンツェの街並み（マザッチョ、ブランカッチ礼拝堂壁画より）

第1部　都市 CITTÀ

❖序

薔薇のつぼみのごとく優雅な曲線を描くクーポラ（ドーム）がそびえるサンタ・マリア・デル・フィオーレ大聖堂、ドゥオーモの周辺は、芸術の都をひと目見ようと世界中から集まった観光客で一年中賑わう。若手市長の英断で二〇〇九年秋からは自動車の乗入れが禁止され、大聖堂の前は徒歩や自転車で行き交う人々でさらに賑わうようになった。

フィレンツェの都市空間は、長年にわたる様々な建設活動と都市計画の積み重ねによって形づくられてきた。基本となる都市の骨格は、古代ローマ都市「フロレンティア」がベースとなった。毛織物工業の発展に伴う一三世紀末の繁栄の時代、都市は大きく拡張されて、宗教と市政の二大中心および主要な建築物群が建設される。そして一五〜六世紀のルネサンス期、市内には数々の建築や広場が設けられ、今に残る美しい街並みが形成された。フィレンツェの背骨ともいうべき都市の軸線も、この時代に完成されたものだ。

ドゥオーモ広場。車両が消えた広場の周囲

一九世紀後半、わずかな期間ながら統一イタリアの首都となったフィレンツェは大規模な改造を被り、歴史的都市の心臓部を喪失してしまう。これに加えて第二次世界大戦や一九六六年の洪水による傷跡は街並みの中に深く残ったものの、今日、ユネスコ世界遺産にその全体が登録された歴史的中心地区は手厚く保護され、絶え間ないレスタウロに支えられて現在に至っている。

第1部ではフィレンツェの都市と住宅、そしてその再生の試みを見ていくための第一歩として、まずはこの唯一無二の街の成り立ちを概観する。次にイタリア都市には欠かせない広場について語る。さらにポンテ・ヴェッキオ、ロッジアという、フィレンツェの街並みをつくる重要な要素についても順に触れていきたい。

第1章

都市の成り立ち

古代ローマ都市

・フロレンティア

フィレンツェ中心部から北東に五キロほど行った丘の上に、フィエーゾレという小さな街がある。丘の斜面には穏やかな田園風景が続き、市街地と比べて夏でもさわやかな一帯には、瀟洒なヴィッラ（別荘建築）が建ち並ぶ。街の中心部には劇場や神殿、市壁などの古代遺跡が残るフィエーゾレは、かつてローマ以前にイタリア半島の中部一帯を支配した古代民族、エトルリア人の都市だった。フィレンツェの起源は、このフィエーゾレから移住してきたエトルリア人たちが営んだ集落（紀元前七世紀頃）にさかのぼるといわれる。[*1]

フィレンツェ歴史的中心地区。中心部に残るローマ期の道路網

フロレンティアの復元模型（フィレンツェ都市史博物館蔵）

その後、同じ場所にユリウス・カエサルが定めた農地法に従って「フロレンティア」（紀元前五九年）が築かれる。「花の盛り」を意味する都市名は、この街が春の訪れを祝う花祭りの時期に建設されたことに由来するという。ここから、花の都フィレンツェの長い歩みが始まった。

フロレンティアは、エトルリア地方を縦断するカッシア街道上のカストゥルム（城塞都市）として建設された。カエサルは退役軍人たちに恩賞として土地を与え、街に住まわせることと引き換えに、地域の防衛を担わせたのだ。アルノ川のほとりに築かれたカストゥルムは東西約五〇〇メートル、南北約四〇〇メートルの長方形で、東西南北の軸線と向きを合わせて建設された。[*2] 航空写真を見ると、カストゥルムの基盤目状の道路網が歴史的中心地区内に、くっきりと刻みこまれているのが読みとれる。

「デクマヌス」（東西方向）と「カルド」（南北方向）の二本の主要道路が矩形平面の中心で交わる地点（現在のレプッブリカ広場）には、ローマの都市計画の定石通り「フォールム」と呼ばれる公共広場が設けられた。アーケードに囲まれたフォールムには神殿や公会堂が建ち並び、活気あふれる都心部をつくっていた。三世紀のフィレンツェはトスカーナおよびウンブリア地方総督の所在地となり、コロニア（植民都市）として大いに繁栄した。

ペルッツィ広場から見た円形闘技場街区

今日、地上にはローマ時代の建物はほとんど残されていないが、[*3] フロレンティアには、ローマ都市には欠かせない浴場や半円形のローマ劇場、円形闘技場といった公共施設が建設された。市庁舎であるパラッツォ・ヴェッキオの地下からは、建物の基礎として使われていたローマ劇場の遺跡が見つかっており、発掘調査が進められている。

・円形闘技場

街の東に位置するサンタ・クローチェ広場の前には、楕円形の不思議な街区がある。街区は二本の通りで分断されており、湾曲した壁面には間口の狭い住宅群が連続する。平面図を見ると、放射状に配された構造壁が規則的に並んでいる。この街区、実はコロッセオのような古代ローマの円形闘技場が、中世の時代に住宅へと改造されたものなのだ。

フィレンツェの円形闘技場は、ローマ劇場と共に紀元後二世紀頃に建設された。闘技場で繰り広げられた剣闘士競技や猛獣との戦いは、ローマ市民にとって最大の娯楽であった。闘技場ではまた、当時迫害されていたキリスト教徒の処刑も行われた。伝説によればフィレンツェ最初の殉教者、聖ミニアートは、闘技場で切り落とされた自分の首をもって、住まいとしていた丘の洞窟へと歩いて帰り、頭を元の位置に戻した後に、ようやく永遠の眠りについたといわれる。[*4]

西ローマ帝国の滅亡後は競技も行われなくなり、廃墟と化した円形闘技場は、一四世紀になると有力貴族のペルッツィ家の領地となる。同家は残された構造体を利用しながら、要塞のような住宅を建設した。南側のペルッツィ広場には、石積みの同家の塔とパラッツォが並ぶ。パラッツォの足下には、円形闘技場のアーケードの一部であるふたつの半円アーチが残されている。

ローマ期の巨大建造物は、その平面形をほぼそのままに残しながら楕円形の街区へと姿を変えていった。一般市民の住まいへと改造されながらも街中に生き続ける円形闘技場は、都市フィレンツェの起源を物語る貴重な証人だ。

中世の都市

・復興の始まり

西ローマ帝国が滅んだ後、五世紀初めのイタリア半島は、アルプス山脈を越えて南下してきたゴート族によって席巻される。六世紀半ばに、ビザンツ帝国とも呼ばれた東ローマ帝国によってイタリアの大半は再征服されるが、フィレンツェの市域は大きく縮小された。衰退した都市にとって、ローマ期の市壁は守るに長すぎたのだ。トゥスキア（エトルリアのラテン名）地方において、中世イタリアの大動脈だったフランチージェナ街道[*5]から外れていたフィレンツェは、二流の地位を占めるにすぎなかった。

カール大帝の時代より、フィレンツェの復興が始まる。八四五年にトスカーナ伯領の首都となった街では、市壁の強化が行われた。一〇世紀になると、ロンバルディア地方から導入された織物産業が都市に繁栄をもたらす。フィレンツェは封建貴族から徐々に権力を奪い、裕福な商工市民たちが率いる、独立した自治を行う共和国としての道を歩み始めた。

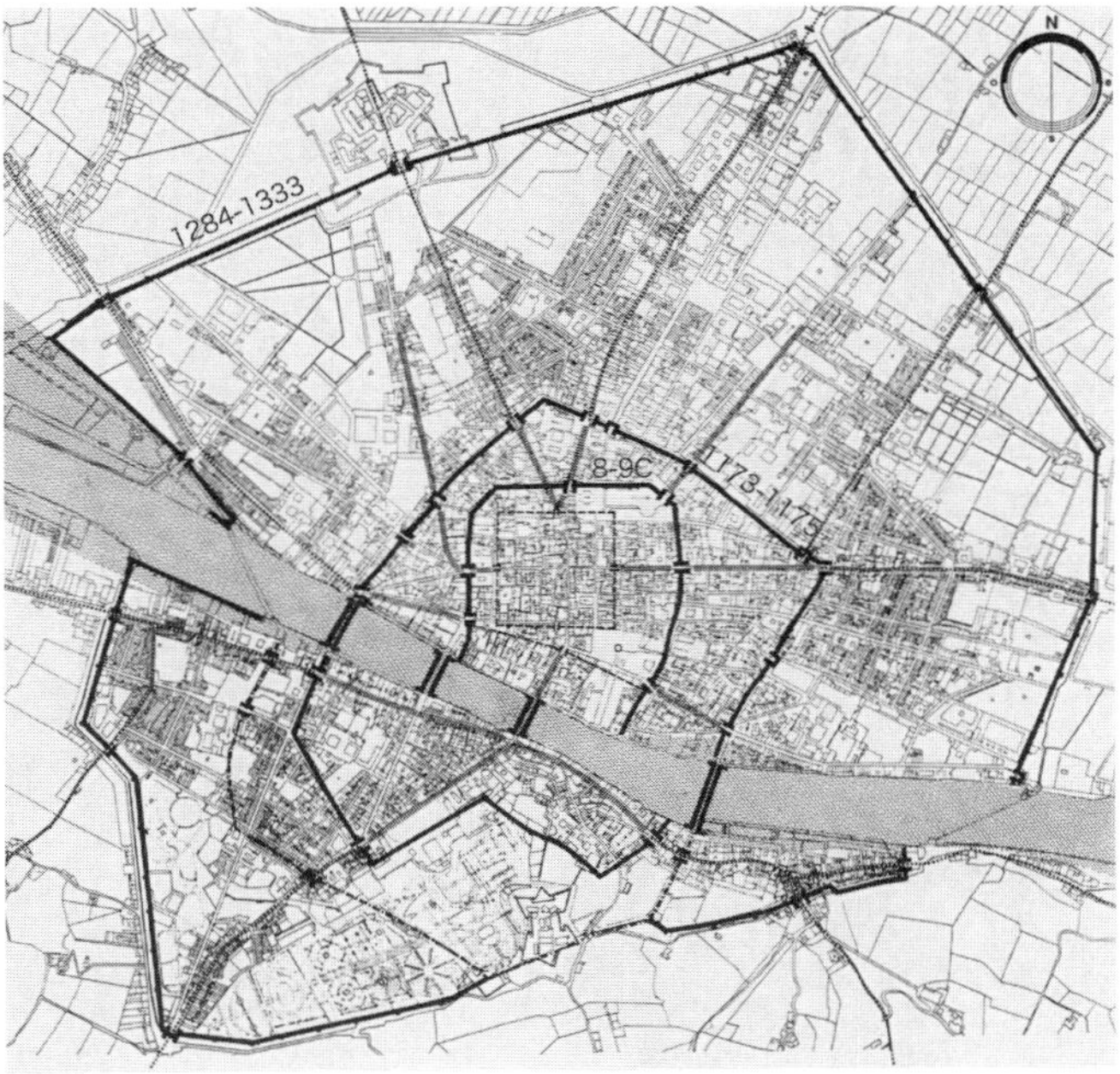

都市域の段階的な拡張

・繁栄の時代

フィレンツェ商人たちは、フランドルやシャンパーニュ地方で買いつけてきた羊毛を、カリマーラ通りに並ぶ工房で、各地から輸入した染料（明礬など）を使って染めあげ、加工した毛織物に高い付加価値をつけて、再びヨーロッパ各地へと輸出した。各国支店での決済のために銀行業を発展させ、商取引、製造加工、金融が一体となった活動を行ったフィレンツェは、トスカーナ地方の中心都市として急速に勢力を拡大していった。

毛織物業の発展に伴い、都市人口は二万五〇〇〇人近くに増える。ローマ期以来の市域では手狭になってきたため、一一七三年より大規模な市域の拡張が行われた。[*6] ローマ時代の市域が約二〇ヘクタールであるのに対して、一二世紀の市壁は倍以上の面積である五五ヘクタールを囲い込んだ。

一三世紀初めのイタリアでは、グエルフィ（ローマ教皇派）とギベリーニ（ドイツ皇帝派）との二派に分かれ、都市の内外で政治的対立が続いていた。大商人たちが教皇庁と取引していたこともあり、商工業に従事するフィレンツェ市民の多くはグエルフィ派に属した。

一三世紀末、貴族の干渉を排除し、都市の実権を得た商人たちは、強力なアルテ（同業者組合）から選出されたプリオーレ（代表）による議会政治を行う。中でも最も重要な団体は、アルテ・デッラ・ラーナ（毛織物業者組合）と、羊毛染色業から始まって事業に関連する輸出入業や金融業までを含むアルテ・ディ・カリマーラ（カリマーラ組合）のふたつだった。後者の名称は、工房が集中した通りの名前にちなんだものだ。

一三世紀末から一四世紀初めにかけて、フィレンツェは大アルテの主導のもとに大きく発展し、繁栄の最盛期を迎える。発行されたフィオリーノ金貨はヨーロッパ全域で流通し、高い信頼を得ていた。たび重なる政治的動揺にもかかわらず、街の繁栄が妨げられることがなかったのは、アルテを基盤とするフィレンツェの経済構造の強固さによるものだった。

・中世の都市整備

一三世紀末のフィレンツェは人口一〇万人を越え、周辺のシエナ、ピサ、ルッカを凌駕するイタリアの中心都市のひとつとなった。大幅な人口増加から将来を見越して、フィレンツェは大規模な市域の拡張を計画する。一二八四年に着工された新たな市壁は、全長八五〇〇メートル、七三の塔と八つの市門を備え、内部に六三〇ヘクタールの市域を囲い込んだ。この市壁は一九世紀後半に至るまで拡張の必要がなかったほど、十分な広さをもっていた。

鎖の地図（15C、フィレンツェ都市史博物館蔵）

ドゥオーモ広場。左より大聖堂、鐘楼、洗礼堂

新たな都市計画に沿って、街路の拡幅と直線化、舗装と照明の整備が進められていった。木造の一般住宅はレンガや石造に置き換えられ、防衛用の塔を中心とした貴族の館も壮麗なパラッツォへと徐々に変わっていった。街を囲む丘には何百という

ヴィッラが建てられ、年代記作者ジョバンニ・ヴィッラーニによれば「市壁外の第二の都市」を形成した。

この繁栄の時代に、フィレンツェを代表するほとんどのモニュメント（記念建造物）が建設された。宗教建築ではサンタ・マリア・ノヴェッラ聖堂（着工一二四六）やサンタ・クローチェ聖堂（着工一二九四）、サンティッシマ・アンヌンツィアータ聖堂（一二五〇）、バディーア（フィレンツェ大修道院、増築一二八五）など。サンタ・マリア・ノヴェッラ聖堂やサンタ・クローチェ聖堂の前には、説教師の話を聞きに集まる数千人の聴衆を収容するために、大きな広場が設けられた。一般建築ではポデスタ（行政長官）官邸（後のバルジェッロ、一二五五）、サンタ・マリア・ヌォーヴァ病院（一二八七）、穀物倉庫（後のオルサンミケーレ、一二九〇）などが挙げられる。

・聖俗の二大中心

市域の拡張および主要なモニュメントの建設と並行して、街の南と北の端には都市構造の核となるふたつの中心が設けられた。信仰の中心である「花の大聖堂」ドゥオーモ。そして都市国家と自治のシンボルである、パラッツォ・ヴェッキオとシニョリーア広場である。

○サンタ・マリア・デル・フィオーレ大聖堂

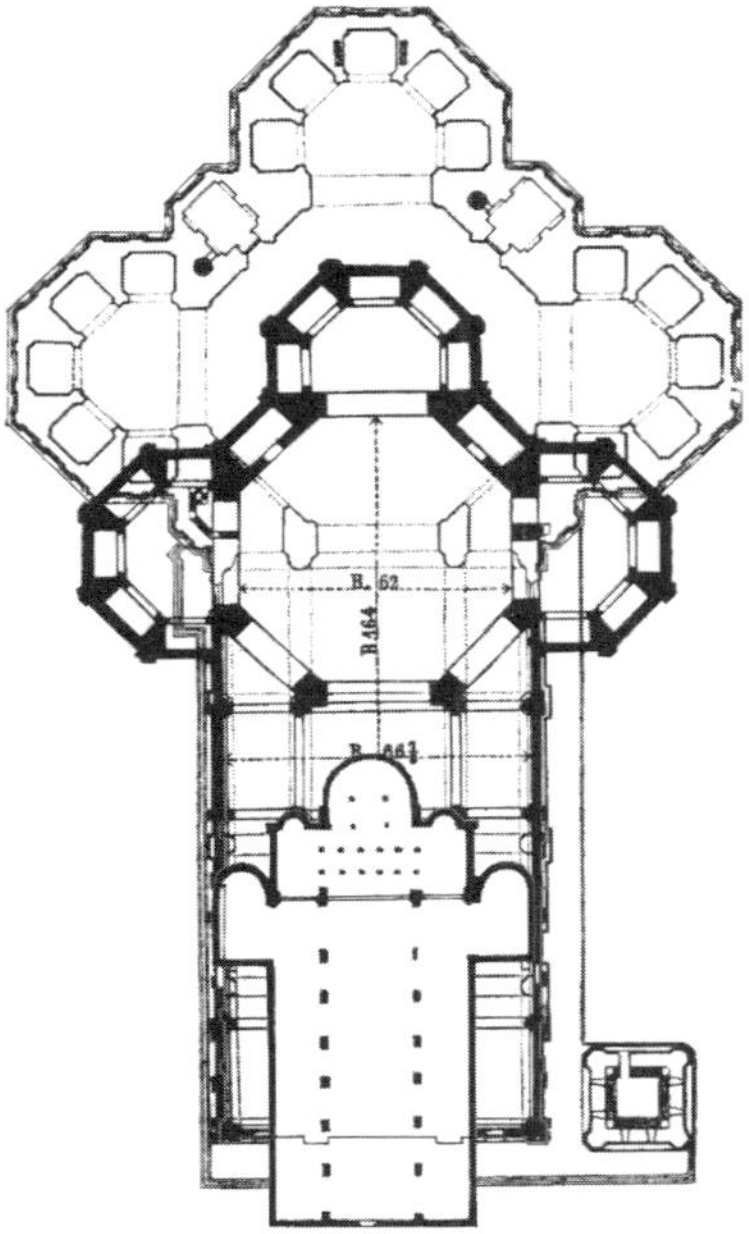

サンタ・マリア・デル・フィオーレ大聖堂の拡張過程。一番手前はサンタ・レパラータ大聖堂

フィレンツェのドゥオーモ広場は、大聖堂、八角形の洗礼堂、鐘楼の三つが各々独立した建築として配された、古い形式を残している。洗礼堂と大聖堂が分離しているのは、洗礼の儀式を済まさなければ、キリスト教徒として大聖堂に入ることが許されなかったからだ。

この街の守護聖人である洗礼者聖ヨハネ（イタリア語でサン・ジョバンニ）に捧げられた洗礼堂は、三つの建物のうちで最も古いロマネスク建築（一一〜二世紀）である。ルーニ産の白とプラート産の緑の大理石を組み合わせたポリクロミア（多色装飾）は、外壁を美しく彩る。[7]

一二九四年、手狭となったサンタ・レパラータ大聖堂の建直しが決定された。[8] ヴィッラーニは「これだけ大きく発展した都市に対して、あまりに小さい」ためと記している。イタリア随一、ヨーロッパ有数の大都市に成長したフィレンツェにふさわしい大聖堂として、アルノルフォ・ディ・カンビオの設計により、全長一三五メートル、幅三八メートルの壮大な規模の建築が計画された。一二九六年に起工された聖堂には、新たに「サンタ・マリア・デル・フィオーレ」の名称が与えられた。

ファサード下部と側壁を完成させた後、一三一〇年のアルノルフォの死により工事は中断したが、一三五七年フランチェスコ・タレンティの指揮で再開され、建物はさらに大きく拡張された。外壁のポリクロミアは、ピンク色のマレンマ産大理石を加え、より洗練された華麗な装飾となった。ゴシック様式の巨大かつ簡素な内部は三廊式で、交差ヴォールトが身廊を覆う聖堂の建設は、一四一八年には大クーポラを残すのみとなっていた。

○パラッツォ・ヴェッキオ

司教が市政の実権を握るイタリア都市の多くでは、大聖堂と司教館、そして行政を担う官庁の建物が同じ場所に建つ。これに対してシエナやピサ、フィレンツェといった大都市では、宗教と政治の場は分離され、独立した市政の中心をもっていた。

市庁舎として今なお使われているパラッツォ・ヴェッキオは一二九九年、共和国の国政を担うプリオーレ（評議員）たちの官邸兼議事堂、パラッツォ・デイ・プリオーリとして建設された。設計は大聖堂と同じくアルノルフォ・ディ・カンビオによる。

茶褐色のピエトラ・フォルテ[9]の切石を積みあげた建物は三層構成で、二、三層にはゴシック様式の二連窓が並ぶ。その上の張り出した胸壁を支える小アーチには、白地に赤いユリの共和国の紋章をはじめ、属領の紋章が並ぶ。建物正面には高さ九四メートルの鐘楼、アルノルフォの塔が高くそびえる。[10]

都市国家の象徴として建てられたパラッツォはアルノルフォの死後、一三一四年に完成を見た。塔を備えた要塞のような建物は、地方都市の市庁舎のモデル[11]ともなった。パラッツォはその後も増改築が続けられ、一六世紀末に現在見るような姿に至る。不安定な世情の中で、選挙で選ばれた一人のシニョーレ（代表者）に権力を集中させ、実質上の君主制となった政治体制の変化に伴い、建物は一三〇二年よりパラッツォ・デッラ・シニョリーアと名を変えた。

パラッツォ・ヴェッキオ

一三世紀末の繁栄の時代、アルノルフォ・ディ・カンビオは聖俗ふたつの中心を定め、都市構造の核をつくりあげた。彼は市壁の建設や広場の造営等にも深く関わり、この大規模な都市改造の立役者となった。ジョバンニ・ファネッリが指摘するように、当時のフィレンツェは正に「アルノルフォの都市」だったのである。さらに食料品市場として引き継がれてきた古代ローマのフォールムを加えて、フィレンツェは市内に複数の核を内在する構造をもつに至る。街の南北に位置する二極を結ぶカルツァイウォーリ通りは街のメインストリートとして、都市フィレンツェの背骨たる主軸線の一端を担うこととなった。

ルネサンスの都市

・メディチ家と文芸擁護

フィレンツェの街角やパラッツォの壁面には時々、六つの玉を組み合わせた紋章を見かける。この紋章は、フィレンツェ・ルネサンス文化の発展に多大な貢献をしたメディチ家のシンボルだ。玉は丸薬を表し、薬商だった一族のルーツを示すといわれる。

メディチ家によるフィレンツェ支配は、老コジモ（一三八九〜一四六四）から始まる。彼は銀行業で築いた莫大な富を背景に巧妙に政権内の人事を操り、実質上のシニョーレ（君主）として一五世紀半ばのフィレンツェを舞台裏から支配した。古代ギリシャ・ローマの文学や芸術に深い関心を抱いていたコジモは、郊外のヴィッラでプラトン・アカデミーと呼ばれる学芸サークルを開く。[*12] コジモによる文芸擁護は、古代ギリシャ・ローマ文化の復興、ルネサンス文化を開花させる原動力となった。

彼はドナテッロやフィリッポ・リッピなど、多くの芸術家や建築家を庇護した大パトロンでもあった。普請好きだったコジ

壁面に掲げられたメディチ家の紋章（パラッツォ・ラミレツ）

モは、お抱え建築家のミケロッツォと共に、自邸であるパラッツォ・メディチや郊外のヴィッラ、サン・マルコ修道院など、数多くの建築物を建てたことでも知られる。

「イル・マニーフィコ」（豪華王）の異名をもつ老コジモの孫ロレンツォの時代に、フィレンツェ・ルネサンスは最盛期を迎える。彼は優れた外交手腕でローマ教皇をはじめイタリア各国の調整役を務め、多大な影響力と信頼を得ていた。メディチ銀行は巨額の赤字を出し破産寸前だったのをよそに、彼は祖父と同様に学問と芸術を手厚く保護し、一般市民には気前よく寛大であったため、絶大な人気を誇った。ロレンツォのもと、フィレンツェはボッティチェッリ、フィリッピーノ・リッピ、ミケランジェロといった大芸術家が活躍する、ルネサンス文化の一大中心地として栄えたのである。

・ブルネッレスキと大聖堂のクーポラ

フィレンツェの都市と建築のルネサンスは、フィリッポ・ブルネッレスキ（一三七七〜一四四六）から始まったといえる。ブルネッレスキはその経歴を金細工職人から始めた。サン・ジョバンニ洗礼堂の扉彫刻コンクール（一四〇一）でギベルティに敗れた彼は、失意のもと友人のドナテッロとローマに旅立ち、古代建築の研究に没頭する。

ライバルのシエナやピサを凌駕する巨大な大聖堂を建設するのは、フィレンツェ人にとって、かねてからの悲願でもあった。アルノルフォ・ディ・カンビオによって着工された新大聖堂の建設では、当初から交差部上に半球状のドームを架けることが構想されていたが、技術的な問題を誰も解決できず、屋根には長い間、直径四三メートルの大穴が空いたままだった。

一四一八年に行われたクーポラ建設のコンクールで、ブルネッレスキは画期的なデザインを提案する。重量を軽くするために二重殻構造を採用したドームは、五分尖塔アーチ[*13]を描く八本の太いリブと、その間に入る一六本の細いリブで組み立てられる、極めて合理的な構造をもっていた。彼のアイデアは古代ローマの建築物、特にパンテオンの構造の研究に基づくといわれる。

大聖堂の建設主任となったブルネッレスキは、数多くの技術的革新をもたらしながら、実に一四年の月日をかけてこの難工事を完成させる。[*14] 美しいカーブと見事なバランスを見せる高さ九一メートルの紡錘形のクーポラは、都市フィレンツェの象徴として新しい時代、ルネサンスの幕開けを高らかに告げるものだった。

ブルネッレスキは大聖堂のクーポラの他にも、サンティッシマ・アンヌンツィアータ広場にある捨子養育院、サン・ロレンツォ聖堂、パッツィ家礼拝堂など主要なルネサンス建築の数々を手がけている。偉大な建築家はドゥオーモの地下に残るサンタ・レパラータ大聖堂の遺跡の一角に、ひっそりと眠っている。

ブルネッレスキの彫像はドゥオーモ広場に面した聖堂参事会館（一九世紀）の壁龕から、もう一人の偉大な建築家アルノルフォ・ディ・カンビオと並んで自身の代表作を見守っている。ブルネッレスキは、ローマ都市のグリッドの上にアルノルフォが構築した都市の骨格を引き継ぎ、そこに素晴らしい建築の数々を実現することによって、ルネサンス都市としてのフィレンツェの街並みを美しく整えていったのである。

大聖堂側面のテラスから見たクーポラ

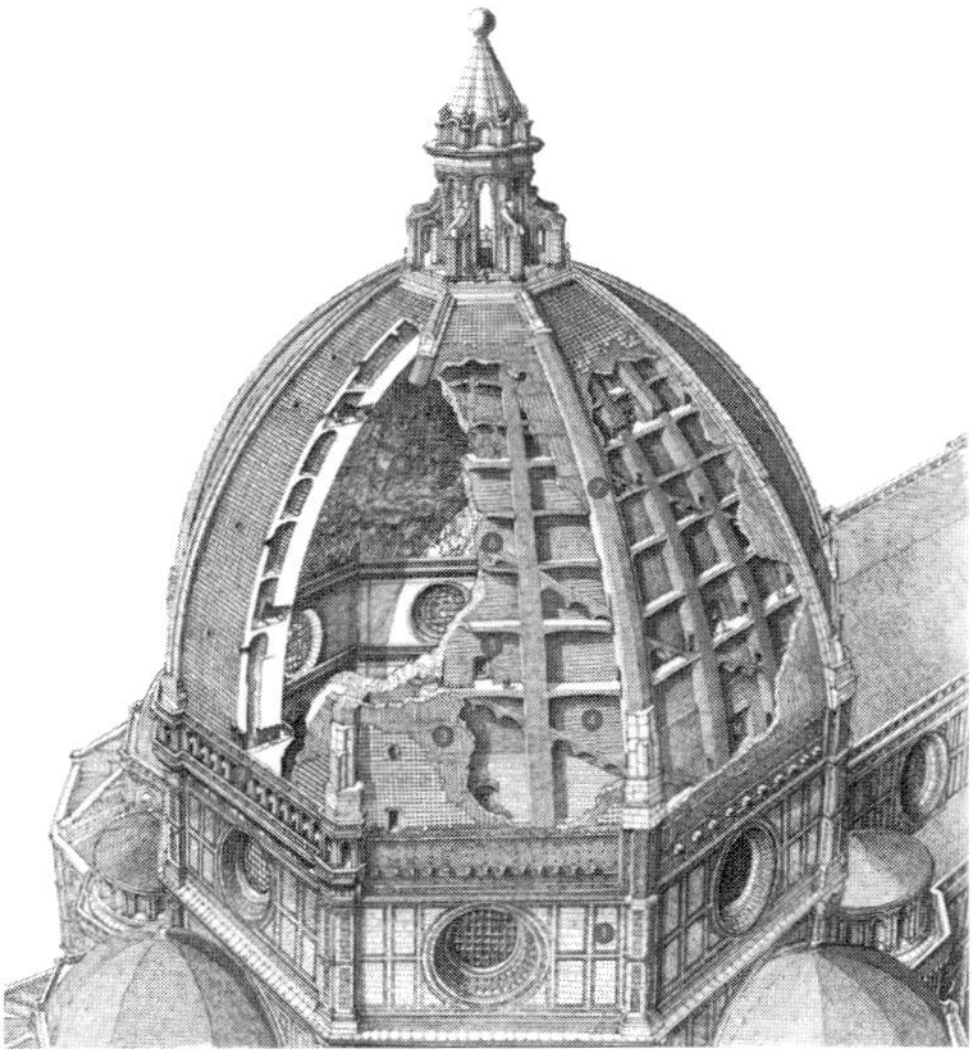
二重殻構造をもつクーポラの内部図解

メディチ家の都市

・トスカーナ大公国とコジモI世

ロレンツォ・ディ・メディチの時代に最高潮を迎えたフィレンツェ・ルネサンスは、修道僧サヴォナローラによる禁欲的な神聖政治（一四九四〜九八）のもとで一時下火となる（第2章を参照）。街を追放されたメディチ家は、サヴォナローラ失脚の後に再びフィレンツェへ帰還し、その後二世紀にわたってトスカーナ大公国の主としてフィレンツェを統治した。

コジモI世は皇帝カールV世の支援のもと、フィレンツェを君主制国家の首都としてつくり替えていった。一五五五年には宿敵シエナを攻略し、フィレンツェ公、さらにはトスカーナ大公（一五六九）となった彼の時代、メディチ家の宮廷を中心に、フィレンツェは再び芸術の都としての輝きを取り戻した。君主としての権威をアピールすべく、コジモは積極的な都市改造に乗り出す。その作業はフィレンツェの政治の中心、シニョリーア広場に集中した。

コジモは、フィレンツェの街を治めることの難しさをよく理解していた。支配を確立するまで、メディチ家はこれまで何度もフィレンツェを追放されており、市内にはライバルの有力貴族も大勢いる。コジモは自身の住まいを、先祖代々のラルガ通りの館からパラッツォ・デッラ・シニョリーア内部に移した（一五四〇〜五〇）。コジモは共和国の象徴であるパラッツォに住むことにより、支配者としての権威を市民に印象づけようとしたのだ。メディチ家の居城となってからは、この建物はパラッツォ・ドゥカーレと呼ばれた。

ドゥカーレ広場と名称を変えたシニョリーア広場には、バルトロメオ・アンマナーティによるネプチューンの噴水（一五六三〜六五）とジャンボローニャによるコジモI世の騎馬像（一五九四）が置かれた。どちらも大公の栄光を賛美する、都市空間の中に組み込まれたシンボルである。「白い巨人」と揶揄された大理石の巨大な海神の像は、コジモが創設した海軍、サント・ステファノ騎士団を象徴している。

一六世紀末にメディチ家の住まいが完全にパラッツォ・ピッティへと移ると、パラッツォ・ドゥカーレは「パラッツォ・ヴェッキオ」（古い館）と呼ばれるようになった。以後、この名称はすっかり定着して今日に至っている。

・ヴァザーリとウフィツィ

パラッツォ・ドゥカーレの改装をはじめとして、コジモの計画を次々と実現していったのはジョルジョ・ヴァザーリ（一五一一～七四）だった。彼はメディチ家の宮廷に仕え、ルネサンス人らしく様々な仕事をこなした人物で、建築家としてよりも『画家・彫刻家・建築家列伝』[*15]の著者として広く知られている。ミケランジェロの弟子を自認する彼は、自身を画家として考えていたが、[*16]今日最も評価されているのは列伝の執筆と、ウフィツィをはじめとする建築作品である。

一五六〇年、パラッツォ・ドゥカーレに隣接して、公国を治める一三の行政機関を収容する行政庁舎ウフィツィが起工される。英語の「オフィス」の語源ともなった建物は、フィレンツェ市内最大のルネサンス建築である。[*17]内部にオフィス、芸術家の工房、劇場、ギャラリー、礼拝堂など様々な機能を収めた建物は、それ自体がひとつの小さな都市だった。

ウフィツィ広場

一五八〇年に完成した長さ一五〇メートルのコの字型をした建物は、明灰色のピエトラ・セレーナ[*18]の列柱廊に囲まれた、広場とも中庭ともつかない長細い空間をはらんでいる。シニョリーア広場からアルノ川に向かっては、コジモI世の胸像が掲げられたロッジア（開廊）を通して対岸の田園風景を望む。反対にコジモ像側からはウフィツィ、パラッツォ・ヴェッキオ、ミケランジェロのダヴィデ像、大聖堂のクーポラが一直線に並び、メディチ家による都市支配を表す象徴的な眺めをつくる。建物のアイデンティティとしてのファサードをもたず、都市と田園とを透視画法的手法によって結びつけたウフィツィは、画家ヴァザーリが生んだ独創性あふれる建築である。

・都市の軸線

パラッツォ・ドゥカーレの改装とウフィツィの建設が進む中、アルノ川対岸のパラッツォ・ピッティは、大公家の新たな住まいとして整備された。一五六五年、コジモの長子フランチェスコI世の婚礼を機会に、不穏な市内の通行を避けてパ

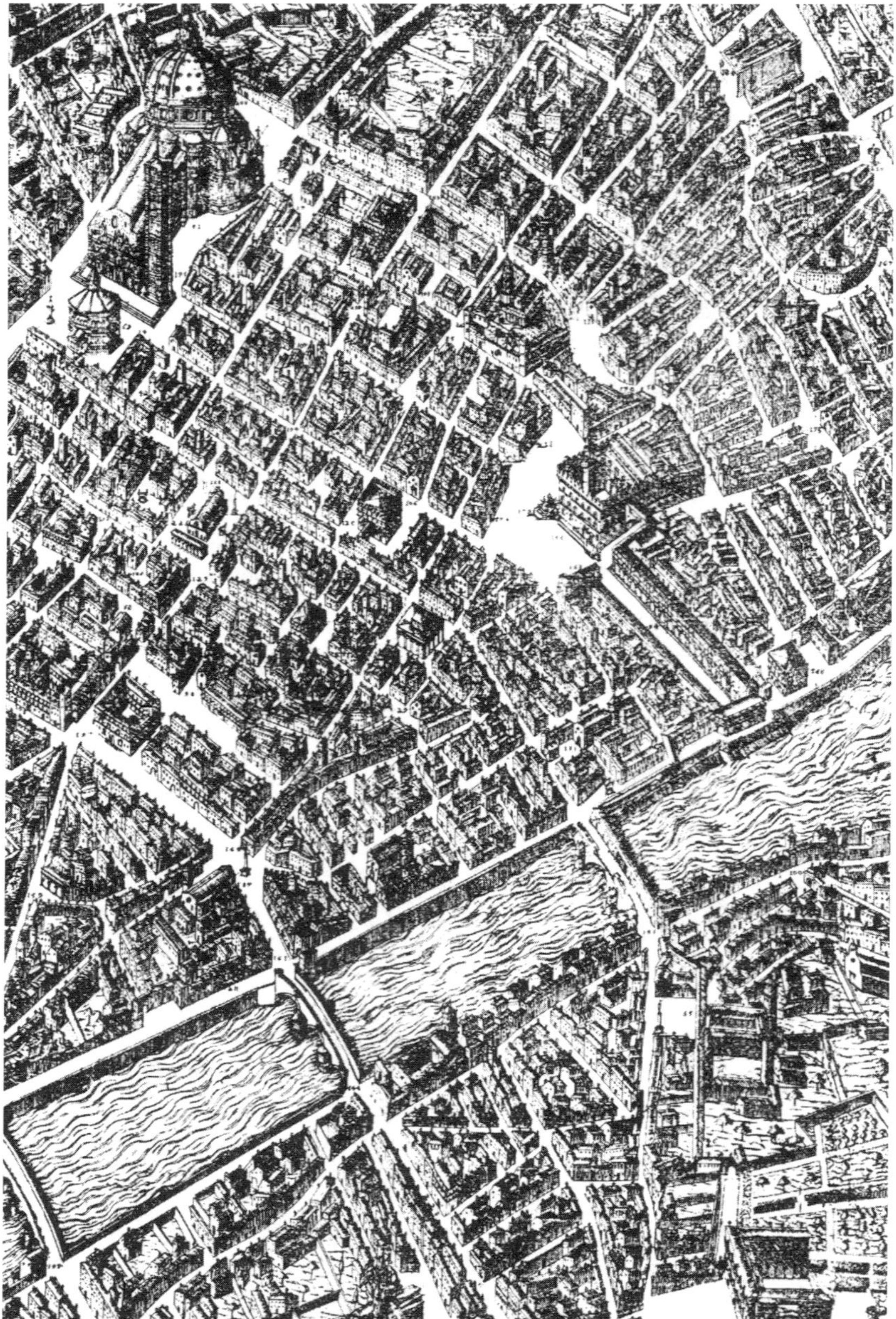

16世紀のフィレンツェ都市図に見る都市の軸線（ブオンシニョーリ、1584）

ラッツォ・ドゥカーレとウフィツィ、そしてパラッツォ・ピッティの三施設を結ぶ空中回廊がつくられた（詳しくは第3章を参照）。担当した建築家の名前をとってヴァザーリ回廊と呼ばれた通路は、メディチ家の支配領域を大きく拡張し、フィレンツェ中心部を君主の宮廷へと変質させたのである。

一三世紀末、アルノルフォ・ディ・カンビオによって設置された聖俗の二大中心は、一五世紀にブルネッレスキによってルネサンスの街並みとして整備された。一六世紀末、ヴァザーリはウフィツィと回廊の建設によって、軸線をアルノ川対岸まで延長する。ここにフィレンツェの南北を結ぶ宗教―政治―宮廷によって構成された、都市の主軸線が完成した。

この軸線は、その後サンティッシマ・アンヌンツィアータ広場に大聖堂のクーポラに向かってフェルディナンドⅠ世の騎馬像が立ったとき、その前にまっすぐ延びるセルヴィ通りによってさらに延長された（口絵参照）。ルネサンスの時代に確立された都市の軸線は、様々な時代の記念碑的建築に彩られつつ、フィレンツェの街をしっかりと支え続けている。

近代以降

・統一イタリアの首都

一八世紀にメディチ家の継承者が途絶えた後、大公位はロレーヌ家に移り、トスカーナ地方の近代化と社会改革が進められた。ナポレオン時代（一七九九～一八一四）を経て復帰した同家は改革路線を継承するが、イタリア独立運動の動きに恐れをなし、保守反動的な態度をとる。自由主義者が集まる文化的中心地となったフィレンツェは一八五九年、レオポルドⅡ世を追放し、翌年には国民投票によってトリノのサヴォイア家を主とするサルデーニャ王国への併合を決めた。

一八六五～七一年の六年間、フィレンツェはわずかな期間ながら、統一イタリア王国の首都となった。この時期フィレンツェは、建築家ジュゼッペ・ポッジを中心に進められた「リサナメント」（健全化）と呼ばれる過去最大規模の都市改造を被ることとなる。やがて首都がローマへと移転した後、工事半ばの大事業を抱え、街は長い不況に苦しむこととなった。

・メルカート・ヴェッキオとレプッブリカ広場

かつてのローマ都市のフォールムはその後も都市の中心に生き続け、活気あふれる市場として賑わってきた。ドゥオーモ広

メルカート・ヴェッキオの様子（16Cの壁画）

ゲットーの内部（1890年頃）

場が宗教の中心、シニョリーア広場が市政の中心ならば、フロレンティアの時代から続く市場は経済の中心であった。

ポンテ・ヴェッキオ寄りに高級織物を扱う新たな市場が開かれた後、主に食料品や雑貨を扱う市場は「メルカート・ヴェッキオ」（旧市場）と呼ばれるようになった。旧市場の周辺には、高層化した住宅や商店が密集し、不規則な路地が張り巡らされた典型的な中世の街並みがあった。ローマ都市の東西、南北の二軸が交わる位置に立つアッボンダンツァの円柱（一五世紀）は、市場のシンボルであった。また市場の北側にはコジモI世がユダヤ人たちに集住を命じた地区「ゲットー」[*19]があった。

薄暗く不潔で、衛生状態に問題ありとされた中世の街区は、新生イタリア王国の首都に似つかわしくないと判断され、一掃されてしまう（一八八五～九五）。カルツァイウォーリ通りの拡幅とあわせて、歴史ある塔やアルテの館、聖堂やパラッツォは破壊され、大きく拡張された広場は重厚な新古典様式に塗り替えられた。広場の中央には国王ヴィットリオ・エマヌエーレII世の巨大な騎馬像が据えられ、広場は彼の名を冠した。長年にわたる建設行為の積み重ねがつくりあげた歴史的都市の心臓部は、完全に失われてしまった。[*20] 取り返しのつかない暴力的な再開発以前の街の姿は、フィレンツェ都市史博物館に展示された模型や写真、当時の計画図面に見ることができる。

戦後、レプッブリカ広場と名を変えた広場は、今日では銀行やオフィスが並び、高級バールが軒を連ねる優雅な一角である。一九五六年に再建され、元の場所へと戻ったアッボンダンツァの円柱は、昔と変わらぬ姿で佇んでいる。

メルカート・ヴェッキオ周辺（1888）。薄いグレーの部分は取り壊された建物を示す

レプッブリカ広場とアッボンダンツァの円柱（右）

・ポッジの都市計画

一九世紀後半に行われたリサナメントでは、都心部の改造にとどまらず、中世の市壁を撤去して環状道路を巡らし、都市交通の近代化が図られた。ベルヴェデーレの丘からロマーナ門、サン・フレディアーノ門にかけては、部分的ながら中世の壁が残されている。環状道路の東と北では、保存された市門を中心としてベッカリーア広場とリベルタ広場が整備された。これらの広場は、郊外に開発された近代地区と歴史的中心地区とを結ぶ接点として計画されたものだ。

ミケランジェロ広場から望むフィレンツェの街並み

街の東、アルノ川左岸には、リサナメントを進めた都市計画家を記念するジュセッペ・ポッジ広場がある。中世の粉挽き場跡とサン・ニコロ門が残る広場を背に、丘の斜面に刻まれた階段を登りきると、フィレンツェの展望台として親しまれるミケランジェロ広場にたどり着く。広場のテラスからはアルノ川の向こうに、眼下に広がるフィレンツェの街並みを一望することができる。

一八六五年につくられたこの広場も、ポッジの作品だ。広場はその名が示す通り、フィレンツェ出身の大芸術家に捧げられたもので、中央にはダヴィデ像のブロンズ製コピーが立つ。広場を見降ろすロッジアにはミケランジェロ美術館が収まる予定だったが、これは実らず、今では素晴らしい眺めを楽しむレストランとして使われている。

ルネサンス期に完成されたフィレンツェの都市構造は、ポッジによって大きく変貌を遂げる。都心部における、かつて経験したことのない大規模な破壊は、都市のアイデンティティを喪失させた。かつてコジモI世がパラッツォ・ヴェッキオに住むことによって示そうとした、歴史の継承による権威の正当性は、新興のブルジョア階級に支援された近代国家にとっては無用のものだったのだ。都市計画のテーマはその後、周囲の丘の麓まで拡大していった周辺部の開発へと移っていった。

・第二次世界大戦の傷跡と戦後

ファシズム体制がイタリア全体を覆った時代、フィレンツェでは早くから批判が高まる。一九四三年七月のファシスト党の瓦解後、ドイツ軍によって占領されたフィレンツェは、これに対抗するレジスタンス活動の場となった。

第二次大戦末期の一九四四年八月、迫る連合軍を前にしてフィレンツェからの撤退を決めたドイツ軍は、戦略的観点からアルノ川に架かる橋すべてを破壊することにした。しかし当時の市長は、あまりに貴重な歴史的文化財であるポンテ・ヴェッキオだけは残してくれるよう司令官に懇願する。ドイツ軍はほかの橋とアルノ川両岸を爆破したが、ヴァザーリ回廊とポンテ・ヴェッキオは辛うじて残された。ドイツ軍は瓦礫の中、ポンテ・ヴェッキオを渡って撤退していった。

戦後は、破壊された橋と街並みの再建が急務となった。サンタ・トリニタ橋は元の姿へと復元され、残りの橋も架け直された。旧状への正確な復元を唱える者と都市の近代化を支持する者との間で激しい議論を巻き起こしながら、鉄筋コンクリート造の近代建築によって、櫛の歯が抜け落ちたような街並みは急速に繕われていった。ポンテ・ヴェッキオのたもとに見られた、川に張り出した中世の家並みのほとんどは姿を消し、代わりにホテルやレストランのガラス張りのテラスが並んだ。

ドイツ軍の爆破から奇跡的に逃れたポンテ・ヴェッキオ（1944）

このような歴史的景観の急速な喪失に強い危機感を覚えて、イタリアでは六〇年代半ばに制定された都市計画法によって、歴史的中心地区の保存が定められる。市と文化財監督局の厳しいコントロールのもと、かけがえのない歴史的遺産である街並みの保全が図られ、そこでは後に第10章で詳しく述べるレスタウロによる街づくりが進められた。こうした長年に渡る努力の末に獲得されたルネサンス都市の街並みは、今日も多大なエネルギーをかけて維持されている。

＊1　紀元前二世紀になると、集落はローマのムニチピウム（自治都市）として繁栄するが、同盟市戦争（紀元前八〇年代）ではローマと対立し、将軍スッラによって壊滅させられた。

＊2　碁盤目状の道路で仕切られた街は、東は今のプロコンソロ通り、西はトルナブオーニ通り、北はチェッレターニ通り、南はポルタ・ロッサ通りに平行した市壁で囲まれていた。南側は後に、アルノ川に平行するかたちで拡張された。

＊3　プロコンソロ通りに面した店舗の地下には、近年発掘されたローマ時代の市壁跡が展示されている。バディーア（フィレンツェ大修道院）前の歩道には、中世市壁の一部だった円形の塔の輪郭が描かれ、かつての市域を実感することができる。

＊4　聖人の墓が設けられた場所は聖域となり、八世紀頃には礼拝堂が建設された。礼拝堂は後のサン・ミニアート・アル・モンテ聖堂の起源となった。

＊5　ローマからトスカーナ地方の丘陵地帯を抜けて、アオスタ渓谷を経てアルプスを越えるフランチージェナ街道（フランスに至る道の意）は、巡礼者と商人たちが行き交う、ヨーロッパ南北をつなぐ中世随一のルートだった。街道沿いのシエナやルッカなどが商業都市として栄えた。

＊6　一二世紀に拡張された市壁は、東より今日のベンチ通り、ヴェルディ通り、サンテジディオ通り、ブファリーニ通り、プッチ通りを経てサン・ロレンツォ広場に至る。市壁は広場より南下し、ジリオ通り、モーロ通りを経てカッライア橋を渡ってアルノ川を越え、セッラリ通り、サンタゴスティーノ通り、マッツェッタ通りまで延びる。ここからグイッチャルディーニ通りを鋭角に折り返して西に向かい、グラツィエ橋に至る。

＊7　二色の大理石を使った装飾は、サン・ミニアート・アル・モンテ聖堂のファサード（一二世紀）にも見られるように、この地方のロマネスク建築の特徴である。クーポラ内部はチマブーエらによる一三～四世紀のモザイク画で彩られる。

＊8　フィレンツェ最初の大聖堂は、四世紀にミラノ司教聖アンブロシウスによって建立されたサン・ロレンツォ聖堂だった。その後七世紀、この街の大聖堂は市壁内のサンタ・レパラータ聖堂へと移された。

＊9　地元産のピエトラ・フォルテは岩屑を多く含む砂岩の一種。宗教、世俗建築を問わず、広く建材として使われた。切り出した直後はグレーがかった色だが、酸化が進むと茶褐色に変わる。

＊10　塔がファサードの中央に位置せず、左右対称が崩れるのは、ここにあったフォラボスキ家の塔を取り込んで、鐘楼の基礎に転用したことに起因する。

＊11　ミケロッツォ設計によるモンテ・プルチャーノの市庁舎（一四二四）は、左右対称の理想的な姿をもつ。トラバーチンを使った三層構成の白い建物は、広場に面して胸壁とグエルフィ式の矢狭間を備え、中央には塔がそびえる。

＊12　老コジモは、侍医の息子マルシリオ・フィチーノにプラトン全集の翻訳を行わせる。カレッジのヴィッラ（第10章を参照）には、フィチーノを中心にピーコ・デッラ・ミランドラ、ポリツァーノら多くの人文主義者が集まり、息子ロレンツォも加わって、古代ギリシャのアカデメイアさながらの知的な集まりがもたれた。

＊13　五分尖塔アーチとは、アーチの起点間距離の五分の四を半径とするアーチのこと。ここでは弟子マネッティによる伝記の記述に従った。実際のクーポラはこれよりも尖っており、半径六分の五以上のカーブをもつ。

＊14　クーポラ建設のために、ブルネッレスキは材料調達や職人の組織運営を含む、工事現場の運営方法を改革し、地上五〇メートルの高さまで材料を運ぶ巻上げ式クレーンなど、様々な建設機械を発明した。最大の問題だった高所での建設方法は、クーポラの曲面を一段ずつ環状に積み上げることで仮枠を使わない工法を採用した。当時使われた工具類は、大聖堂付属美術館に保存、展示されている。

＊15　一五五〇年に出版された「列伝」は、チマブーエに始まりミケランジェロを頂点とするトスカーナとフィレンツェを中心とした大芸術家たちの人物

＊16 像と作品を生き生きと描き、ルネサンス美術史の基本資料として名高い。一五六八年出版のの第二版では、ティツィアーノほかヴェネツィアの芸術家に関する記述が加えられている。

＊17 ヴァザーリは画家として、メディチ家の栄光を讃える寓意画をはじめ、ピサ、シエナへの勝利を描いたパラッツォ・ヴェッキオの五百人広間の壁画や、フィレンツェ大聖堂クーポラ内部の壁画など、数多くの仕事を残している。国立西洋美術館では彼の作品「ゲッセマネの祈り」を見ることができる。

＊18 建設にあたっては既存の中世の街並みを取り壊しつつ、ロッジア・ディ・ランツィ、造幣局、ロマネスク様式のサン・ピエール・スケラッジョ聖堂を取り込みながら建設された。ウフィツィ広場の空間は、建物の建築に先立って開通した、シニョリーア広場からアルノ川に抜ける街路を引き継いでいる。

＊19 ピエトラ・セレーナは地元産の雲母質の砂岩。比較的やわらかく、建材のほかに彫刻の素材としても好まれた。切石ブロックのほか、破風や窓枠、円柱などの部材としても多く用いられ、漆喰の白とピエトラ・セレーナの灰色の対比は、フィレンツェ・ルネサンス建築の特徴となっている。

＊20 ユダヤ人たちを強制収容したゲットーは、反宗教改革に伴うカトリック教会の不寛容な政策により、ヴェネツィア、ローマに続いて一五七一年、フィレンツェにも設置された。ボルゴ・サン・ヤコポ通り近くにあったシナゴーグ（礼拝堂）を中心に住んでいたユダヤ人たちは、現在のレプッブリカ広場、ローマ通り、ペーコリ通り、ブルネッレスキ通りに囲まれた一画に集められる。既存建物の地上階入口と路地が封鎖され、レプッブリカ広場とローマ通り、オリオ広場側の三箇所には関門が設けられた。限定された居住区は極度に高層化・高密化し、採光・通風や衛生面に問題を抱えていた。

取り壊された建物の断片は、有志によりサン・マルコ修道院内の博物館に保管された。ゴシック様式のアーチや窓枠、円柱、建築装飾など、おびただしい数の部材が、今日も回廊の片隅に眠っている。

第2章

広場で過ごす時間

都市と広場

イタリア人のライフスタイルと広場は、切っても切れない関係にある。広場は社交の場であり、政治談義の場であり、憩いの場でもある。仕事や学校を終えて夕暮れ時ともなると、彼らは恒例のパッセッジャータ（そぞろ歩き）に繰り出す。ジェラート片手に特に目的もなく街をぶらつき、友人と語らい、ウィンドウ・ショッピングを楽しむ。そんなひとときを過ごすためにも、広場はなくてはならない背景なのだ。

ドゥオーモ広場で行われる祝典（18Cの版画）

地中海世界の都市では、広場はとても大きな役割を担ってきた。古代ギリシャ都市で「アゴラ」と呼ばれた中心広場は、市民が集って民会を開く、都市の運営にとって欠かせない場所だった。古代ローマ都市のフォールム（広場）も同様に、行政、宗教、商業といった社会活動の中心地であった。こうした広場の伝統は、今日のイタリア都市にも色濃く残っている。

祝祭の時、フィレンツェの街並みは、ハレの舞台へと早変わりする。普段見慣れた広場も、祭りやイベントの際には日常の賑わいとは別世界の、華やかな劇場空間に仕立て上げられる。

都市を彩る仮設装飾の数々は、建築家が腕をふるう見せ場であった。都市が一番美しく見えるような行列のルートを考え、特設の観覧席や凱旋門をデザインしたり、パラッツォの大広間や中庭を即席のステージに変えたり…。こうしたアレッド・ウルバーノ（都市の装飾）は、今日のアーバンデザインにもつながる長い伝統を誇っている。

本章では時に応じて様々な情景をみせるフィレンツェの広場を、そこで行われる催しを交えつつ紹介していきたい。

ドゥオーモ広場とスコッピオ・デル・カッロ

サンタ・マリア・デル・フィオーレ大聖堂が他を圧するボリュームで建つその周囲には、広場と呼ぶには中途半端な空間が広がっている。周辺の建物は大聖堂から平均して三〇メートルほど後退しているが、その光景はこの偉大なモニュメントに敬意を表して後ずさっているようにも見える。そのような中、一九世紀になって完成された正面ファサードとサン・ジョバンニ洗礼堂に挟まれた空間は、何とか「大聖堂前広場」と呼べる、まとまった場所だ。ここは毎年、新春を告げるパスクアの祭りの時、見事な劇場空間となる。

キリストの復活を祝う大切な宗教行事は、英語ではイースター、日本語では復活祭と呼ばれる。これはもともと、春分の日に春の到来と豊穣を祝う伝統の祭りが、後にキリスト教の中に取り込まれたものだ。パスクアは三月末から四月初めの間で、年によって日にちが変わる移動祝祭日である。カトリックの国イタリアではクリスマスと同様に、パスクアの前後は学校や会社もすべて休みになり、家族皆で祝日を祝う。卵（イースターエッグ、こちらではウォーヴォ・ディ・パスクアと呼ぶ）はキリスト復活のシンボル。寒さもゆるみ始めるこの時期、街中のお菓子屋の店先には、クラシックなスタイルから創意に富んだユニークなものまで、菓子職人が腕によりをかけたチョコレート製の卵が並ぶ。卵の中にはちょっとしたプレゼントが入っており、見て、食べて、開けても楽しめる。

店先に並ぶウォーヴォ・ディ・バスクア

フィレンツェでは、イタリアの中で最も盛大に「スコッピオ・デル・カッロ」の祭りでパスクアを祝う。スコッピオとは「爆発」の意味で、花火を仕掛けられた巨大な山車が、ドゥオーモ広場の真ん中で盛大に爆竹を鳴らしてキリスト復活を祝うという、何とも賑やかなお祭りだ。

この祭りの起源は第一回の十字軍遠征にまでさかのぼる。パレスティナに向かって侵攻を続ける十字軍は、一〇九九年にイェルサレムを占領する。このときフィレンツェ人のパッツィーノ・ディ・パッツィは聖地の城壁に最初に登りつめ、キリスト教の旗印を立てた褒美として、聖棺の欠片をもらった。それ以降、フィレンツェではパスクアのたび、パッツィ家の人々がこの石片で聖火を起こして市民に配るようになる。一四世紀末には、この伝統行事は花火を使う、今日の祭りに近いかたちになった。しかし一四七八年、ロレンツォ・ディ・メディチの暗殺に失敗したパッツィ家頭領は絞首刑にされ、スコッピオ・デル・カッロも禁止される。後のサヴォナローラの時代にメディチ家が追放されると、パッツィ家の名誉回復とともに伝統の山車も復活した（一四九四）。一九世紀半ばに同家が途絶えた後は、フィレンツェ市がこの祭りを引き継いでいる。

スコッピオ・デル・カッロの巨大な山車は、普段はプラート門近くのまるまる家一軒分の大きさをもつ倉庫に格納されている。一六七九年につくられ、三世紀以上にわたって大切に使われている山車は、車輪を含めてすべて木製で、高さ約一二メートル、長さ二・五メートル、幅二・八メートルの偉容を誇る。三層構成の山車の頂上では、四頭のイルカが王冠を支えている（口絵参照）。

伝統衣装に身を包んだ兵士たちと鼓笛隊の先導に従い、頭を草花で飾られた四頭の白いキアーナ牛に牽かれて、山車はゆっくりとドゥオーモ広場を目指し始める。古代には神への捧げ物として屠られたキアーナ牛は、フィレンツェ名物のビステッカ・アッラ・フィオレンティーナ（炭火焼のTボーン・ステーキ）に欠かせない特産品だ。別名ブリンデッローネ（背の高い、だらしなく歩く男の意）と呼ばれる山車は、ゆらゆらと頂部をゆらしながら、でこぼこした石畳の上を進んでゆく。

さて、山車の発進と同時刻に、アルノ川近くに建つ市内最古の教会のひとつ、サンティッシミ・アポストリ聖堂では厳かなミサが始まっている。この教会には、パッツィ家が所有していた聖なる石が保管されているのだ。ミサの最後に祭壇脇の礼拝堂から取り出された石は、フィレンツェの赤いユリの旗を掲げた旗手たちによって、サン・ジョバンニ洗礼堂へと運ばれていく。

市内を練り歩いた山車もドゥオーモ広場に到着し、大聖堂の主祭壇から山車まで一本のワイヤが張られる。準備が着々と進む間、広場では旗手たちの見事な演技が繰り広げられている。ミサが最高潮に達する頃、司教はコロンビーナ（白いハトの模型、精霊のシンボル）に聖火を点火する。するとコロンビーナはワイヤを伝って飛翔し、山車の導火線を点火。すると、その瞬間ハトは逆噴射して祭壇へと飛んで帰る。山車に仕掛けられた花火と爆竹は赤紫の煙幕を吹き上げ、盛大に爆発する

花飾りを頭上に載せた白いキアーナ牛

（口絵参照）。壁面には轟音が反響し、高く打ち上げられた花火は大聖堂や洗礼堂の壁面にぶつかって、あちらこちらに跳ね返る。貴重な文化財にこんなことをしても大丈夫なのかとびっくりするような光景だが、これも中世の昔と変わらぬ姿なのだろう。

一連の花火に続いて、山車の頂部につながる導火線に火が付く。頂上にとりつけられた三本の旗は、ハトの「飛行」の成功と共に、今年一年のフィレンツェの運勢を占うものだ。旗にはそれぞれフィレンツェのユリ、パッツィ家の紋章である二匹のイルカ、神の子羊の図像が描かれており、上手く着火して三本全てが開くと、最高の年になるといわれる。しかし全てが開くのは稀で、私が居合わせた二〇〇七年にはハトの飛行は成功したものの、残念ながら旗は子羊の一本しか開かなかった。

さて、祭りの後片付けは傍らでスタンバイしていた消防士たちの役目。燃え残りには砂をかけて消火しつつ、慎重に花火を山車から外していく。盛大なスコッピオの後、四頭の白い牛が再登場。白くすすけた山車は、再びゆらゆらと牽かれていった。花火の燃えかすと砂と牛のフンが散乱する広場は、いつもの風景へと早々に引き戻されていく。

シニョリーア広場とサヴォナローラ

ドゥオーモ広場から都市の軸線、カルツァイウォーリ通りを南へ進んだ突当り、視界が大きく開ける場所が、フィレンツェの市政の中心であるシニョリーア広場である。広場にはアルノルフォの塔が高々とそびえるパラッツォ・ヴェッキオを筆頭に、ウフィツィ、ロッジア・ディ・ランツィが居並ぶ。

パラッツォ・ヴェッキオの正面入口には、ミケランジェロの手になるダヴィデ像（一五〇四、オリジナルはアカデミア美術館蔵）が立つ。高さ五・一七メートルの若々しい青年の像は、強大な外国の脅威に立ち向かう共和国のシンボルとしてつくられたものだ。

オープンカフェ越しに見るシニョリーア広場

現在、広場となっている場所には、かつてギベリーニ派の党首であった大貴族、ウベルティ家のパラッツォが建っていた。グエルフィ派が政権を握ると、ウベルティ家の塔と屋敷は跡形もなく破壊され、その跡地には一切の建設行為が禁止された。広場はその後、一四世紀に段階的に拡張され、今日に見られるような姿に至る。

共和国の顔である広場の建設には、細心の注意が払われた。一三八五年に完成した広場の舗装は、他のどの場所よりも上質であることが求められた。広場に似つかわしくないとされた乞食や売春婦は追放され、荷車の通行や傍らでのサイコロ遊びも禁止された。

シニョリーア広場は政治集会や各種行事が行われる場であり、時には公開処刑の場でもあった。中でも一四九八年五月二三日に行われた修道僧ジローラモ・サヴォナローラ（一四五二〜九八）の火刑は、広場の歴史で特筆すべきエピソードだ。

サン・マルコ修道院院長だったサヴォナローラは、堕落したフィレンツェ市政とメディチ家の独裁を徹底的に批判し、民衆の絶大な支持を得ていた。豪華王ロレンツォの死を預言し、フランス軍の侵攻によってメディチ家が追放されると、彼は街の実権を握り、世俗の快楽を否定した神聖政治を行う（一四九四〜九八）。シニョリーア広場では大規模な「虚飾の焼却」が行われた。華美で贅沢な宝石や美術品、信仰に反した異教的な書物などは、燃えさかる火の中に投げ込まれた。その中には、自身の作品を火に投げ込むボッティチェッリの姿もあったという。

しかし厳格すぎた宗教生活に対して、次第に不満が高まる。教皇への批判を繰り返すサヴォナローラは、ついには破門宣告を受ける。対立するフランチェスコ派の修道士からは、真の預言者ならば火の中を歩いても無傷なはずだと「火の試練」の挑戦を受けた。これは実施されなかったものの、フランス軍が破れてイタリアから撤退すると、すべての支持を失ったサヴォナローラはとうとう失脚する。かつてたくさんの民衆を集めて情熱的な説教をしたシニョリーア広場で、皮肉なことにも、そ

広場で処刑されるサヴォナローラ（年代不詳）

火刑の位置を示す石碑

の彼が火刑に処せられたのだった。

パラッツォ・ヴェッキオの角に立つネプチューンの噴水の前には、直径一メートルほどの円形をしたプレートがある。この花崗岩の銘板は、サヴォナローラが処刑された場所を示すものだ。火刑の様子を描いた絵図には、背後の噴水はまだなく、薪の火が高々と上っている。一度は宗教的情熱に熱狂した民衆は、かつての導師が火に包まれる様を、手のひらを返したようにあざ笑ったという。

今日のシニョリーア広場は、高級カフェやレストランのテラスが席を広げ、広場の一角では客待ちの馬車がたたずむ。世界各国から来た団体客は、色とりどりの旗を手にしたガイドの説明に熱心に耳を傾けている。パラッツォ・ヴェッキオの前を通りかかると、庁舎内の「赤の間」で結婚式を終えたばかりの新郎新婦がちょうど出てきたところで、家族や友人たちから投げられた祝福の米のシャワーを全身に浴びていた。

サンタ・クローチェ広場とカルチョ・ストリコ

シニョリーア広場からパラッツォ・ヴェッキオの脇を抜け、伝統の革製品を扱う土産物屋がびっしりと並ぶボルゴ・デイ・グレチ通りを歩いて行けば、サンタ・クローチェ広場へと至る。長らく待ちわびていたフィオレンティーノも多いであろう。二〇〇八年より伝統の中世サッカー試合、カルチョ・ストリコが復活した。その競技内容の激しさから一時中止となっていたが、安全確保を期した新たなルールのもとで再開されたのだ。

六月末、フィレンツェの街は守護聖人サン・ジョバンニの祭りで盛り上がる。洗礼堂では荘厳なミサが行われる一方で、アルノ川の夜空は花火で彩られる。詩聖ダンテの像が立つ中世の家並みに囲まれたサンタ・クローチェ広場では観客席が組み立てられ、石の舗装は土で覆われる。時折、物産市が立ったり、ベンチや聖堂正面の階段で人々が憩う広場はこの時期、サッカー競技場へと姿を変えるのだ。

祭りの際に都市の広場が競技場になる例としては、シエナのカンポ広場がことに有名だ。フィレンツェのライバルだった中世都市シエナでは年二回、扇型の美しい広場が、中世からの伝統を誇る競馬レース「パリオ」の舞台となる。競技は市内各地区が熱狂的にしのぎを削る対抗戦で、住民の熱い期待を背負った騎手は鞍や鐙をつけない裸馬に乗って、広場を全力疾走するのだ。広場の輪郭に沿って土が敷き詰められ、仮設のトラックがつくられる。広場を囲むパラッツォの窓辺は最高の観客席となり、トラックに取り囲まれた内側も、立見の観客で埋め尽くされる。レンガ敷きの広場が競技場へと変わる時、それはシエナ人の郷土愛が最大限に発揮される瞬間でもある。

フィレンツェのカルチョ・ストリコの場合、名前こそカルチョとあるが、内容はラグビーに近く、手でボールを持ち運ぶことができる。選手たちは中世の衣装を着て闘うことから、カルチョ・イン・コストゥーメ（コスチューム・サッカー）ともいわれる。

フィレンツェの歴史的中心地区はサント・スピリト、サンタ・クローチェ、サンタ・マリア・ノヴェッラ、サン・ジョバンニの四地区に分かれる。これら四チームが、二回の予選と決勝の三回戦を闘う。ルールは基本的に、一六世紀にジョバンニ・ディ・バルディが定めた三三箇条を遵守し、五〇分間の肉弾戦を繰り広げる。優勝チームに与えられる賞品はキアーナ牛だ。試合前のパレードの先頭をつとめる白牛は、勝者の荒くれ男たちの胃に収まるという次第。

ボールを使った集団競技は古代ギリシャ・ローマに起源をもつといわれるが、フィレンツェのカルチョはダンテの時代、一五世紀からの記録がある。カルチョは単なるゲームではなく、スポーツの姿を借りた若者の教練の場でもあった。一五三〇年六月

サンタ・クローチェ広場

カンポ広場で行われるパリオ（シエナ）

広場での馬上槍試合（16Cの絵画）

広場で繰り広げられるカルチョ・ストリコの試合

一七日、街がカルロスV世の軍に包囲された際、市民の志気を鼓舞するため、サンタ・クローチェ広場では伝統の競技が開かれたという。地区ごとの対抗戦は若者たちに地元への愛着と団結心をかき立てる祭りであると同時に、戦の演習であったのだ。

競技はサンタ・マリア・ノヴェッラ広場などでも開かれていたが、現在ではサンタ・クローチェ広場で、守護聖人の祝日（六月二四日）に合わせて決勝戦が行われるようになった。試合当日、色鮮やかな衣装に身を包んだ選手たちは、各地区の詰め所から、パレードと共に街を練り歩きながらサンタ・クローチェ広場へと向かう。

華やかな時代行列に続いて、選手たちが続々と広場に入場する。広場はパラッツォ・デル・アンテッラの壁面に埋め込まれた銘板に従って白線でふたつに仕切られ、その両端には小さめのゴールポストが置かれる。競技前の諸注意が述べられた後、各チームが向き合う。大砲の轟音を合図に中央白線からボールが投げられ、競技開始だ。基本的に相手側ゴールにボールを入れれば得点だが、ゴールを外すと相手方の得点となってしまうので、正確なシュートが要求される。選手たちはエキサイトすると、ボールそっちのけで本気の乱闘になってしまいがちだが、マエストロ・ディ・カンポの監督下に置かれた競技場では、ルール違反は厳しく処分される。

競技が再開された二〇〇八年は、赤いユニフォームのサンタ・マリア・ノヴェッラ地区が優勝した。激闘の末に勝利したチームは、マエストロ・ディ・カンポからキアーナ牛を送られ、英雄として讃えられるのだ。

サンティッシマ・アンヌンツィアータ広場とリフィコローナの祭り

大聖堂から北へと延びるセルヴィ通りの終点には、三面をポルティコ（列柱廊）で囲まれたサンティッシマ・アンヌンツィアータ広場がある（口絵参照）。ここはフィレンツェの数ある広場の中でも、最も美しいもののひとつだ。広場には聖母マリアに捧げられたサンティッシマ・アンヌンツィアータ聖堂、ジャンボローニャによるフェルディナンドI世の騎馬像（一六〇八）、セルヴィ通り、大聖堂のクーポラが一直線に並び、ルネサンス期につくられた都市の軸線の存在を主張する。騎馬像の背後には海の怪物を載せた噴水（一六二九）がふたつ置かれ、広場の左右対称性を強めている。

ポルティコに囲まれた広場は、修道院の中庭や古代ローマのフォールムを彷彿とさせる空間だ。広場の一辺を占めるオスペダーレ・デッリ・インノチェンティ（捨子養育院）は、ブルネッレスキの初期の傑作である。この建物は一四一九年に絹織物組合による慈善活動施設として建設されたもので、一四四五年から実際の活動が始まった。貧しさや家庭の事情から育てられない乳幼児を預かり、医療設備も備えた養育院は、当時から画期的な児童福祉施設であった。

ポルティコの北端には「ルオータ」と呼ばれる、捨子の受付窓口があった。他都市の同様な施設では回転式の受付台があり、子供を載せ、これを回して院内に送り込めば、親は顔を見せずに子供を預けることができた。フィレンツェの場合、回転台はなかったものの、脇にある鐘を鳴らし、赤ん坊を小さな格子の間にくぐらせれば、匿名のままに受け付けてもらえたという。一八七五年まで使われていた設備の跡は、由来を語る石碑と共に今も大切に残されている。

建物の正面いっぱいに広がるポルティコは、正方形を基調とするシンプルな幾何学的比例をもつ。コリント式の円柱の長さと梁間は一対一の関係にあり、その上には梁間の二分の一の高さをもつ半円アーチが架かる。アーチは水平に延びるエンタブレチュア（梁部の総称）を支え、その上には洗礼堂にも見られる三角破風を掲げた古典的な窓が並ぶ。灰色のピエトラ・セレーナと漆喰の白い壁面がつくるモノトーンの対比はブルネッレスキ以降、ルネサンス建築の定番となった。繊細な円柱と半円アーチはリズミカルに連続し、建物に光と影の美しいコントラストをもたらす。

アーチの間に並ぶ円形のテラコッタ（彩色陶板）は、アンドレア・デッラ・ロッビアの作品だ。鮮やかなブルーの地に浮かぶ巻き布に包まれた幼子の姿は、メダルごとに異なる。愛らしいその姿は、施設の性格を雄弁に物語っている。

サンティッシマ・アンヌンツィアータ広場の眺め（18Cの版画）

このルネサンス建築の傑作は、現在でも現役の児童福祉施設であり、ユニセフのオフィスや市立の幼稚園、保健所、博物館、児童図書館などを抱える複合施設である。一階のホールでは子供に関するイベントや会議が行われる他、慈善コンサートなども催される。フィレンツェの児童福祉はボローニャと並び、イタリア国内でもとりわけ手厚いといわれるが、もしかするとその背景には、この捨子養育院を建てた精神が今日も変わらずに脈付いているのかもしれない。私も娘たちの予防接種をはじめ、子供向けのワークショップに親子で参加したり、友人が出演するコンサートを聴きに訪れたりと、頻繁にお世話になった。建築史にその名を残す建物との身近な関わりは、忘れがたい貴重な体験となった。

ブルネッレスキは捨子養育院の建設当初より、サンティッシマ・アンヌンツィアータ聖堂前の空地を使った、左右対称の広場を構想していたといわれる。しかし広場の開設は彼の時代には叶わず、実現したのは後の時代になってからである。

凛とした佇まいを見せる捨子養育院のポルティコは、周囲の建物にも強い影響を与えた。一四四七年、ミケロッツォはアンヌンツィアータ聖堂の前に入口ホールを設ける。一五一六年にはアントニオ・ダ・サンガッロが広場の反対側に、ブルネッレスキのポルティコと瓜ふたつの柱廊をもつ聖母マリア下僕会の建物をつくる。一六〇一年、アンヌンツィアータ聖堂前にもプッチ家の寄進によってポルティコが設けられ、ようやく広場は大聖堂からの軸線を受け止める、左右対称の都市空間をもつに至った。

広場の左右、向かい合うポルティコの足下は階段状になっており、古代神殿の基壇を思わせる。広場を眺める観覧席のような石段に腰掛けて、道行く人々を眺めながらピッツァを頬ばっていたことが懐かしく思い出される。

毎年九月の初旬、広場はリフィコローナの祭り一色となる。リフィコローナとは、棒の先に付けられた紙提灯のことだ。九月七日の夜、子供たちはおめかしして、サンタ・クローチェ広場を出発してドゥオーモ広場を抜け、サンティッシマ・アンヌンツィアータ広場まで、提灯をもって行列する。祭りの由来は諸説あるが、聖母マリア信仰の強いフィレンツェでは、アン

捨子養育院。リズミカルに連続する円柱と半円アーチがつくるポルティコ

幼子のテラコッタ装飾（A.デッラ・ロッビア、15C）

ポルティコ内部。突当りは「ルオータ」と
呼ばれる子供の預け口

捨子養育院。入口を抜けてすぐに広がる「男子の中庭」

捨子養育院。図書館や保健所が面する「女子の中庭」

ヌンツィアータ聖堂で行われる聖母の誕生日（九月八日）を祝うミサに参加するため、前日の夜、近郊の農民たちがろうそくの明かりを手に街へとやってきたのが始まりだとか。街に出るためにおめかししながらも、市場で売るための農産物もしっかりもってきた農民を冷やかして、子供たちはつぶてを投げて彼らの提灯を消そうとしたという。祭りは夜更けまで続き、聖堂は聖母に祈りを捧げる人たちのために、朝まで門戸を開いている。

　広場では祭りの前後、故事にちなんで自然食品を扱った市場、フィエルコラが立つ（口絵参照）。地元産の無農薬の特産品、ハチミツやハム、チーズ、ワインなどの屋台が並ぶほか、お菓子や素焼きの陶器、衣料品や雑貨の屋台も混じる。これまでは年に一度だった催しも、最近では月に一回開催される定期的なイベントとなった。青空の下、屋台の主人と言葉を交わしつつ、のんびりと市場を巡る。子供たちのはしゃぎ声がポルティコの中に響いている。

サン・ピエール・マッジョーレ広場と積層する時間

コルソ通りを東に向かうと、ボルゴ・デリ・アルビツィ通りの終点近くにサン・ピエール・マッジョーレ広場が開ける。広場の中でまず目に入るのが、凱旋門のようなアーケードだ。三連アーチの左右は閉鎖され、地上階は店舗に、上階は鉢植えの花を窓辺に飾る住宅になっている。中央アーチ下は道路が通り抜けている。アーケードの上にも幅いっぱいに住宅が載っており、広場に面したテラスはいかにも居心地がよさそうだ。

サン・ピエール・マッジョーレ広場

アーケード正面左手の肉屋の前には毎朝、大八車に新鮮な野菜を満載した八百屋の屋台が立つ。広場に面した総菜屋は、地元産のワインやチーズの宝庫だ。

ボルゴ・デリ・アルビツィ通りを挟んだ広場の反対側には、サン・ピエリーノのアーチが口を開けている。石造のアーチは、一二世紀後半につくられた市壁の一部である。当時の市壁はこの地点から折り返して、アルノ川へと向かっていた。ボルゴ・ピンティ通りに続くトンネル内には年季の入ったパニーノ屋があり、いつもワイン片手の親父たちがたむろする。広場の周辺はバールをはじめ、スーパー、パン屋、クリーニング屋、薬局など生活に必要な店がひと通り揃っていて、フィオレンティーノたちの素顔が覗く。私も留学生時代から通い続けている、なじみ深い界隈だ。

アーケードの向かいには二本の塔が立つ。これらは市内屈指の有力一族で、グエルフィ派の党首だったドナーティ家のものである。コルソ通りには今なお幾本もの同家の塔が残るが、アルビツィ家の館が並ぶこの一帯にも、ドナーティ家所有の建物が数多くあった。広場の二本の塔は、一時はフィレンツェの最高権力者であったコルソ・ドナーティが所有していた。

広場の一角に建つドナーティ家の塔

塔の一階は、今は旅行会社のオフィスになっている。ところどころに開口する細長い窓は、足下に殺到する敵めがけて矢を射かけた場所だ。粗石積みの塔に対して、隣のパラッツォ・コルビッツィの迫り出した真っ白い胸壁は、際立ったコントラストを見せる。

ところで、広場に残る凱旋門のようなアーケードは何かというと、かつてこの場所に建っていた同名の聖堂の名残である。サン・ピエール・マッジョーレ教会は、一一世紀に創建されたベネディクト派の女子修道院だった。街の東端に位置する修道院では、新たにフィレンツェへ赴任する司教を出迎えるのが慣例となっていた。フィレンツェ市内全ての教会の象徴として、新任の司教から指輪を受け取る修道院長は「司教の花嫁」と呼ばれ、大変尊敬されていた。高い鐘楼を備えたゴシック様式の聖堂には、ルカ・デッラ・ロッビアやピエロ・ディ・コジモなどの芸術家も葬られた。

当時の聖堂と修道院の姿は、ジュセッペ・ゾッキによる銅版画（一七四四）に残されている。版画には、聖堂前のアーケードが明瞭に描かれている。一七世紀前半、バロック様式へのファサードの改修の折に設けられたアーケードは、アルビツィ家の寄進によるものだった。半ば消えかかりながらも、アーチの上にはルカ・アルビツィの名が刻まれている。アーケードの聖堂背後にそびえる鐘楼は、サンタ・マリア・ノヴェッラ聖堂のそれとよく似ている。

一七八三年、聖堂内の一本の柱に亀裂が見つかる。構造的にはさほど深刻な問題ではなかったが、建物全体を脅かす要因と判断され、聖堂と鐘楼は取り壊されてしまった。同時に修道院も廃止され、建物は民間に払い下げられる。このような性急な解体の背景には、多すぎる修道会を整理して市内の宗教勢力を削ぐという、大公ピエトロ・レオポルドの政治的目的があったといわれる。聖堂の跡地にはまたたく間に庶民たちが住み着き、あばら屋が建ち並んだ。

サン・ピエール・マッジョーレ聖堂と広場の眺め（G.ゾッキ、1744）

聖堂跡地に店を構えるレストランの客席

さて現代に話を戻すと、アーケードの背後には、トスカーナ料理を出す老舗のレストランがある。店の奥に入ると、交差ヴォールトの天井に低いレンガのアーチが架かる、ゴシック様式の客席がある。位置からして、この空間は聖堂内にあった礼拝堂か何かの一部を転用したものかもしれない。壁には田園風景を描いた現代風のフレスコ画がある。店の主人に話を聞いたところ、昔ここに建っていた聖堂を偲んで、地元の画家が室内を教会風に装飾したそうだ。広場に残されたアーケードと並んで、店の内装には街の歴史に対する人々の誇りが強く感じられた。

　長い歴史の中で姿を変えながらも、都市の中に生き続ける建築がある。サンタ・クローチェ広場近く、住宅に改造された古代ローマの円形闘技場（第1章を参照）が改めて心に浮かぶ。この小さな広場は、様々な時間の積み重なりが今日を形づくる、フィレンツェの奥深さがくっきりと表れた場所なのだ。

コラム1 クーポラの見える風景

列車がフィレンツェの街に近づき、車窓からドゥオーモの姿が目に入ると、ああ、帰ってきたなという安心感を覚える。たかだか六、七年の居住経験しかない私でさえ、こんな風に感じるのだから、生粋のフィオレンティーノたちにとって、巨大なクーポラの眺めは、すっかり心と体の一部になっていることだろう。

ボボリの丘を西に行くと、フランチェスコ・ディ・パオラ広場から発するベッロズグアルドという名の細い坂道がある。「美しい眺め」という名が示す通り、坂を登った丘の上からは、素晴らしいフィレンツェの眺望が開ける。一九世紀にミケランジェロ広場が開設される以前、街のパノラマといえばここからの眺めが定番だった。ベッロズグアルドからの眺望は数多くの風景画に描かれているが、アルノ川沿いに延びるルネサンス都市の景観の中で、クーポラは常に主役を演じている。

私がこの街で最初に住んだ家は、ボルゴ・デリ・アルビッツィ通りの中程にあった。各国からの留学生たちとシェアするアパートメントでは、初めてのイタリア暮らしを謳歌することができた。しかし奥まった中庭に面した私の部屋は、天井の高いパラッツォの一室を二層に分割して無理矢理つくったもので、格天井の大梁は頭上すれすれ、窓は小さく昼なお暗いという、お世辞にも快適とはいえないものだった。

唯一、この家で味わえる贅沢は、浴室の窓から見えるクーポラの眺めだった。どこかの飼いネコが昼寝する瓦屋根の向こうに、ひょっこりと顔を覗かせるクーポラは、自分が今どこにいるのか、そして何をすべきなのかを常に教えてくれた。

街中の通りから見えるクーポラは、様々な表情をもつ。特にサンティッシマ・アンヌンツィアータ広場から大聖堂めがけて一直線に延びるセルヴィ通りからの眺めは、計算され尽くした舞台背景のような演出を見せる。フェルディナンドI世の騎馬像がまっすぐ見据える大聖堂は、通りの両側に並ぶパラッツォたちを従えて、威風堂々である。

クリスマスの凍てつく夜空にライトアップされたクーポラの光景も忘れがたい。コルソ通りから一本入った細い路地、ストゥディオ通りにある老舗の画材屋で買物を済ませ、ふと振り返ると、イルミネーションの背後の闇の中にクーポラが視界いっぱいに浮かび上がっていた。

また、大聖堂の裏手に位置するオリウオーロ通りから、クーポラへと徐々に近づいていくときの眺めもなかなかよい。オブラーテ図書館を出てドゥオーモ広場へと向かい、裏手のジェラート屋にたどり着くまでの道のりは、お決まりの散歩コースだった。

レプッブリカ広場に面したデパートの屋上にあるバールのテラスからは、家々に囲まれたクーポラの姿を満喫することができる。妻のもつカプチーノのカップの向こうに見えるフィレンツェのシンボルは、時間とともに陽の当たる面が移り変わり、思いがけない変化を見せる。刻々と変わってゆくその表情は、見ていて飽きることがない。

アパートの窓越しに見るクーポラ

第3章

ポンテ・ヴェッキオとヴァザーリ回廊

ルンガルノ

フィレンツェの街を東西に流れるアルノ川河畔の一帯は「ルンガルノ」（ルンゴ・アルノ＝アルノ川沿いの意）と呼ばれる。川に沿っては中世の塔から鉄筋コンクリート造の近代建築まで、幅広い時代の建物が入り混じる。川の向こうには、緑の丘の上にミケランジェロ広場やサン・ミニアート聖堂を望む。岸辺を吹き抜けるさわやかな風が心地よい。堰堤越しに見る練習中のボートは、まるで水上を進む矢のようだ。

川沿いの建物の中で真っ先に目に留まるのは、岸に沿って連続する古代ローマの水道橋のようなアーチ群だ（口絵参照）。アーチの上には小さな窓が並んでおり、水ではなく、人間が通る回廊であることがわかる。ウフィツィ美術館の壁面から飛び出した回廊は、川に沿って進んだ先で直角に折れて、ポンテ・ヴェッキオの上空を進む。「古い橋」というその名の通り、ポンテ・ヴェッキオはフィレンツェ市内最古の橋だ。橋の両側には色とりどりの小さな建物が寄り集まって、橋の上には収まりきらず、水上にまで張り出している。空中回廊はポンテ・ヴェッキオの上をそのまままっすぐ進み、対岸のパラッツォ・ピッティ目指して、立ちはだかる塔や家々を巧みにすり抜けながら続いていく。

このヴァザーリ回廊は、フィレンツェの中心部をメディチ家の宮廷の場へと

ルンガルノの風景

アルノ川での漁の様子（18Cの絵画）

塗り替えた、ルネサンス期の画期的な都市計画の核心でもあった。本章では、都市フィレンツェを語る上で必須のモニュメントであるポンテ・ヴェッキオとヴァザーリ回廊を併せて紹介していこう。

ポンテ・ヴェッキオ

ローマ期のフロレンティアは、アルノ川右岸に広がっていた。川幅の一番狭まった地点には一本の橋が架けられ、古代カッシア街道の北と南を結んでいた。フロレンティアを南北に貫くメインストリートは、この橋の延長線上に置かれていた。

このフィレンツェ唯一の橋が「ポンテ・ヴェッキオ」と呼ばれるようになったのは、下流にカッライア橋（一二一八）ができてからのことだ。木造の橋は一一一七年に石造へとつくり替えられるが、橋脚はローマ時代のものをそのまま利用していた。五つのアーチをもち、両側に木造の店舗が建ち並んでいたこの橋は、一三三三年に街を襲った洪水で全壊してしまう。その後一三四五年、橋は護岸工事とともに、少し下流に位置を移して再建された。ネーリ・ディ・フィオラヴァンテが建設した新たな石造橋は、三つのアーチと二本の橋脚でアルノ川をまたぐ。アーチのスパンはそれぞれ二七メートル、三〇メートル、二七メートル。アーチの高さは左右が三・九メートル、中央が四・四メートルとかなり扁平で、水面に対して十分な高さを確保できていないものの、頑丈な橋脚がこれを補った。

橋の両側には切れ目なく店舗が続いているため、市内から歩いてくると、いつの間にか橋上にさしかかっているという感覚だ。しかし橋の中央まで来ると建物が途切れ、ルンガルノの風景がぱっと開ける。「フィレンツェ金銀細工の父」の銘が刻まれたベンヴェヌート・チェッリーニの胸像が立つ小広場は、記念写真を撮る観光客が後を絶たない。

広場を囲む建物の壁面には、塔のレリーフが刻まれている。これは一四世紀に橋の再建工事を担当した、市内の要塞や塔の建設・管理を担う役所の紋章である。新たに架けられた橋は軍事的な観点が重要視された、あたかも小さな要塞のようだった。橋の両側には、中央で途切れるために二列づつ計四本となる石造のアーケードが設けられた。各アーケードには一二のアーチが連なり、川に面して窓はなく、上部にはグエルフィ派を示す櫛形の矢狭間が並んでいた。左岸に建つマンネッリ家の塔は、要塞としての橋の姿をさらに印象づけるものだった。

（左上）観光客で賑わう橋上の様子
（上）　橋の中央部に残る塔の紋章
（左下）橋上に軒を連ねる宝飾店の店先

ポンテ・ヴェッキオ東側。水上に張り出す中世の店舗群

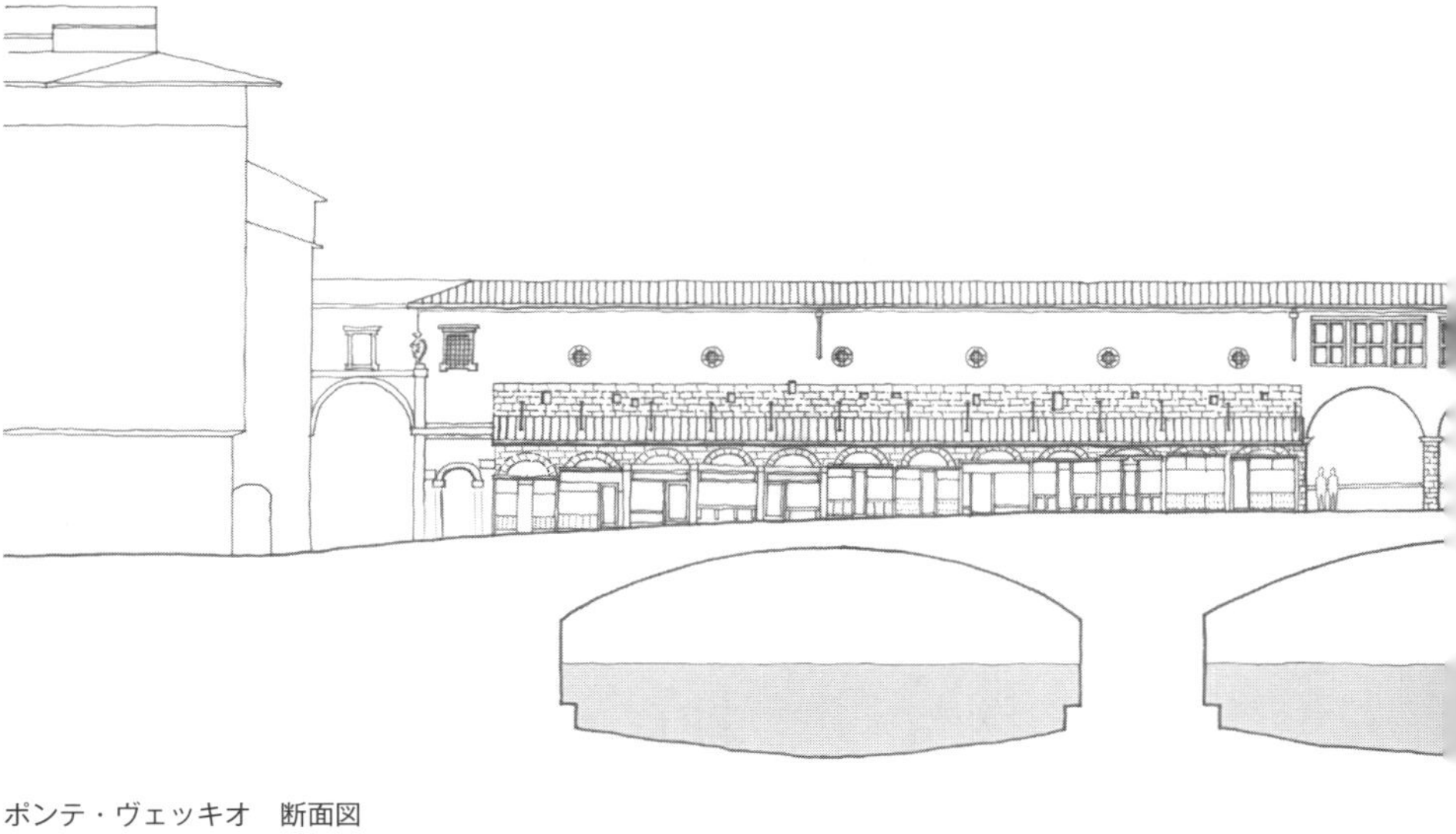

ポンテ・ヴェッキオ　断面図

このようなポンテ・ヴェッキオの初期の姿は、カナル・グランデに架かるヴェネツィアのリアルト橋（一五九一）に近い。リアルト橋は、船の通行のために単アーチの中央を高くもちあげているが、アーケードが橋の両側に並ぶ構成はそっくりだ。

橋上に並ぶ店舗を注意深く観察すると、ショーケースの背後にオリジナルの石造アーチを見ることができる。かつてアーケードの下では、バンコと呼ばれる露台を使って床屋や肉屋、蹄鉄工、靴職人、外科医などが商売をしていた。年代記作家ヴィッラーニによれば、一四世紀半ばのポンテ・ヴェッキオには四三件の店舗が並び、橋上には礼拝堂まであったという。一四九五年に市から個人へアーケードが払い下げられると、ここに居を構えた職人たちは少しでも面積を増やすため、上階の増築に加えて川側にも建物を張り出させて、片持ち梁や斜めに差し掛けた柱で支えた。橋の上には肉屋や革なめし職人の工房が集まった。ここは作業で出た屑や汚物を川へ投げ落とすのに好都合だったからだ。

リアルト橋（ヴェネツィア）

しかしメディチ家のフェルディナンドI世は橋に漂う悪臭に耐えかねて、一五九三年に彼らを追い出し、代わりに橋の美観を高めるために装身具や金銀細工師の工房を置いた。これをきっかけに、ポンテ・ヴェッキオはきらびやかな宝飾品のマーケットとして生まれ変わったのだった。小振りな店舗のショーケースには、伝統のカメオやアンティークの宝石から最新デザインの指輪やネックレスまで、熟練の職人技による様々なジュエリーが所狭しと並ぶ。フィレンツェ屈指の観光スポットには、今日もウィンドウ・ショッピングに熱心な女性やカップルたちの姿が絶えない。

ヴァザーリ回廊

ルンガルノに特徴的な景観を添える空中回廊は、トスカーナ大公コジモI世の命により、一五六五年四月から九月までの、約五カ月間という非常に短い期間で建設された。

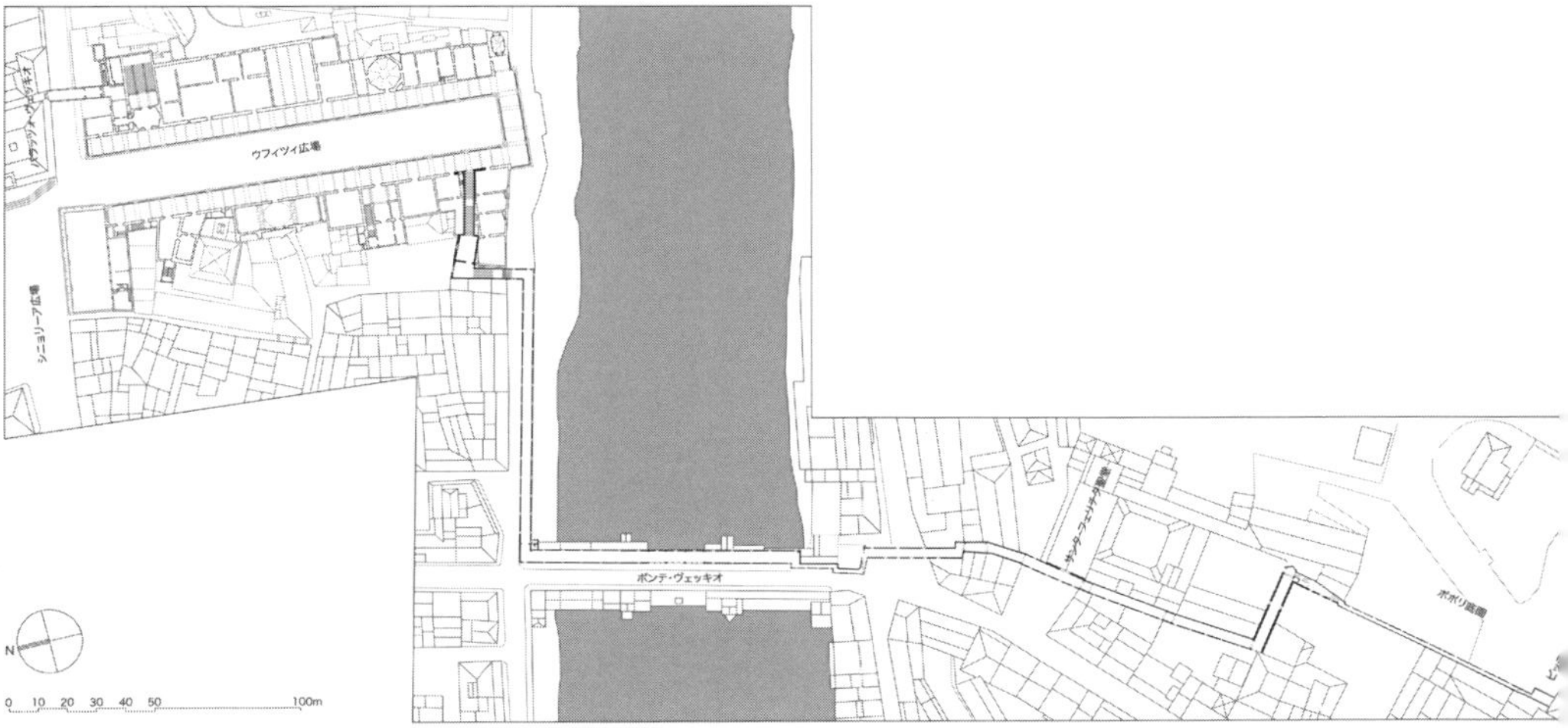

ヴァザーリ回廊　平面図

コジモの妻エレオノーラ・ディ・トレドは、体が弱く病気がちな子供たちの健康を考慮して、緑豊かな環境に住むことを望んだ。彼女は一五四九年にアルノ川の対岸にあったパラッツォ・ピッティ（第8章を参照）を、同家から九〇〇〇フィオリーノで購入する。この館はもともと、メディチ家の老コジモのライバルだったルカ・ピッティによって建設されたものだ。老コジモが豪華すぎると却下した、ブルネッレスキの設計案が基となっている。建設は同家の財政状況の悪化によってしばらく中断したが、一四六九年には中央部の七スパンが完成し、居住可能となった。メディチ家の住まいになってからは、始めはヴァザーリ、後にはアンマナーティによって増築され、壮大な宮殿へと発展した。

コジモⅠ世は暗殺の危険がつねに伴う市内の雑踏を避け、政治と儀式の場であるパラッツォ・ドゥカーレと、新たに住まいとしたパラッツォ・ピッティとを結ぶ、安全な交通路の建設を考えた。このとき彼の脳裏には、ローマのバチカン宮殿とサンタンジェロ城を結ぶ通廊「パッセット」の存在があった。一五二七年のローマ掠奪の際、メディチ家出身の教皇クレメンスⅦ世はボルゴ地区を囲む市壁の上に設けられた通廊を使って、宮殿から城へと避難した。コジモは一五六〇年にローマを訪れた際にパッセットを通る機会を得た。着想の原点にこの通廊があったことは、コジモ自身が認めている。

回廊の建設は、息子のフランチェスコⅠ世とオーストリア皇女ヨハンナとの婚礼を機に、実行へと移された。街ではパレードを迎える仮設の凱旋門などの他、婚礼を飾る目玉として、アンマナーティによるネプチューン

ヴァザーリ回廊のルート

エリアA	パラッツォ・ヴェッキオ～ ウフィツィ３階ギャラリー～ 大階段
エリアB	アルキブジエーリ通り～ ポンテ・ヴェッキオ～ マンネッリ家の塔
エリアC	バルディ通り～ ウブリアーキ家の塔～ サンタ・フェリチタ聖堂～ グロッタ・グランデ
エリアD	ボボリ庭園外壁上部～ パラッツォ・ピッティ東翼

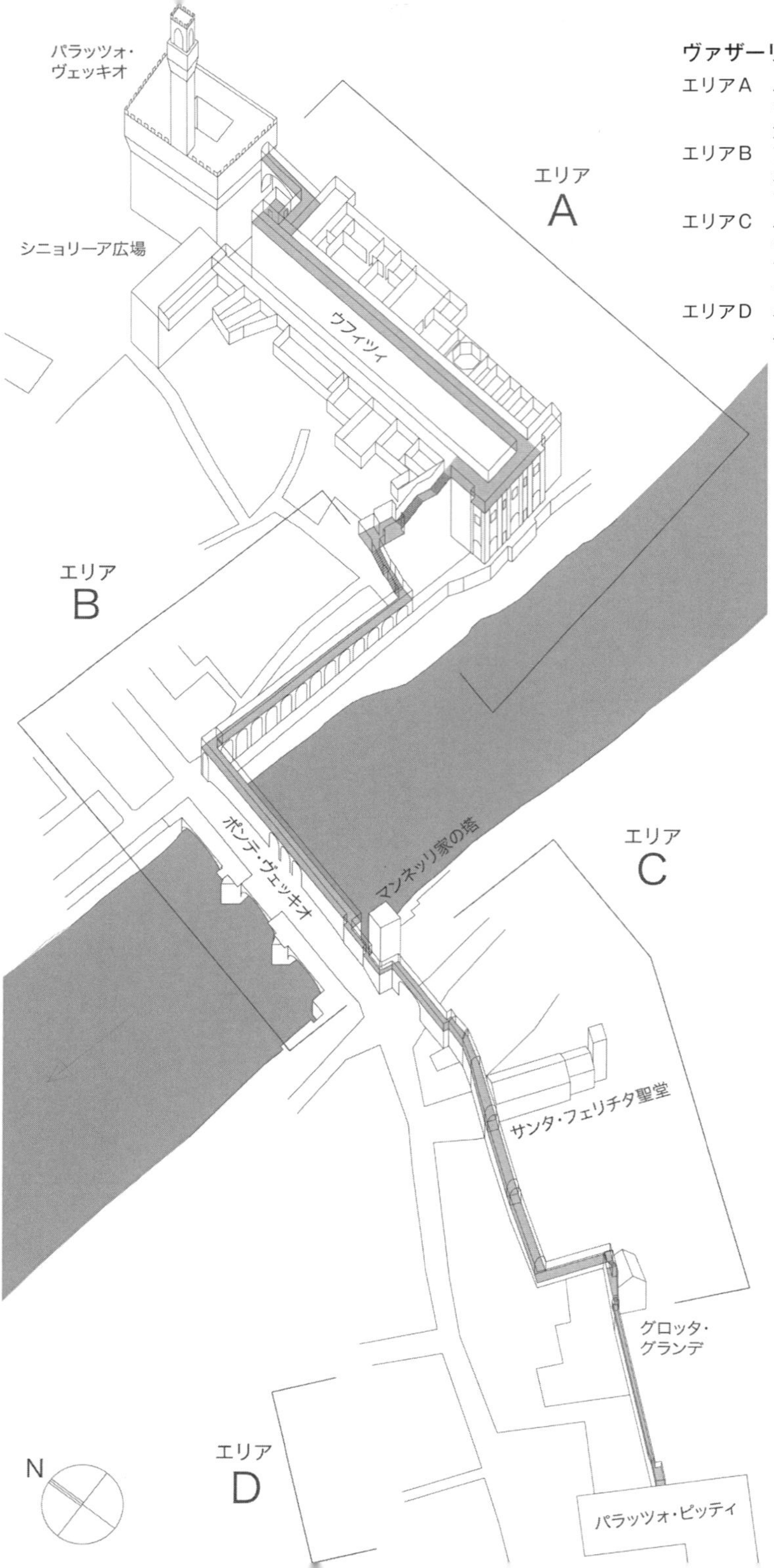

の噴水の制作が進行していた。

この重要な仕事を一任されたのは、ウフィツィを建設中のヴァザーリであった。三月の終わりに発表された婚礼の日（一二月一六日）に間に合わせるという無理難題も、大公の信頼厚い彼なら首尾よくやり通せるものと、白羽の矢が立ったのである。工期短縮のために既存の建造物をできる限り転用しつつ、全長約八〇〇メートルのルートが計画された。婚礼が終われば解体される一時的な舞台装飾としてではなく、回廊はその必要性から恒久的な都市施設として建設されたのである。

一部の屋根などが未完成ながらも、回廊の建設は何とか収穫の時期までに間に合わせることができた。大公は回廊を伝って、天候に左右されず、また洪水や火事、内乱などの非常時にも、政務の場と居住の場の間を速やかに行き来することができるようになった。前代未聞の空中回廊を歩いたコジモは大変満足し、パラッツォ・ヴェッキオの改装やウフィツィ工事への支払いの遅れとは対照的に、費用一万一〇〇〇スクードを即時決済したという。回廊は「既存の交通権を私物化し、私有建物の中を通過し、壁を共有することで初めて可能になった」（コーリン・ロウ）のである。ヴァザーリは回想録の中で、「これだけの建築を完成させるためには、五年でも足りないと思われる」と自画自賛している。

婚礼と回廊の完成がひとつの区切りとなったのであろう、コジモはパラッツォ・ドゥカーレ内の住居を権力と共に息子に譲り、自身は以後、パラッツォ・ピッティと背後に広がる広大な庭園を生活の場とした。ヴァザーリの計画では回廊はボボリ庭園内につくられた人工の洞窟グロッタ・グランデを終点としていたが、後の一五八九年にフェルディナンドⅠ世によって延長され、大公の居住区画が置かれたパラッツォ・ピッティの東翼まで直接行けるようになった。

ヴァザーリ回廊を歩く

ヴァザーリ回廊には現在、ウフィツィ美術館の一部として、一六～七世紀のメディチ家コレクションをベースに、肖像画を中心とした作品が展示されている。中にはセザンヌやシャガールなど近代作家の自画像も並ぶ。見学は人数限定の完全予約制である。少々敷居が高いこともあって、私もこれまで足を踏み入れたことがなかったが、二〇〇九年の秋に回廊全体を実測調査する機会を得た。しかし限られた時間の中で回廊の寸法を測るのに精いっぱいで、壁に掛かる作品の数々を眺める余裕など全くなかったのが少々悔やまれる。将来的には大ウフィツィ計画（第10章を参照）と合わせて回廊の常時公開が計画されているそうで、大いに期待したいところだ。

回廊は大きく、四つのエリアに分けることができる。ウフィツィ三階ギャラリーを主とするエリアA、アルノ川の河畔およびポンテ・ヴェッキオ上部を渡るエリアB、サンタ・フェリチタ聖堂前を通りボボリ庭園に至るエリアC、最後に後世に延長された部分であるエリアDである。それではパラッツォ・ヴェッキオから始まるヴァザーリ回廊を、終点のパラッツォ・ピッティまで歩いてみよう。

・エリアA

ヴァザーリ回廊は、パラッツォ・ヴェッキオ三階にあるエレオノーラの居室「緑の間」から始まる。回廊中で最も高い位置にあるニンナ通りをまたぐ橋を渡って、まずはウフィツィ三階に到達する。トスカーナ大公国の政治と儀式の中心から、行政の中心へと移る部分だ。S字にクランクしながら天井高さ約七メートルの広間を通り抜けると、ギャラリー東翼の端部に到着する。

全長約一五〇メートルのコの字型平面をもつギャラリーをまっすぐ進むと、アルノ川沿いの南翼に至る。窓から外を見降ろせば、眼下にはルンガルノの風景と共にポンテ・ヴェッキオへと延びる回廊が見える。南翼から西翼へと折り返すと、柱ひとつ先の壁面に大きな扉が現れる。扉を開ければ、ギャラリーから九メートルを一気に降りる大階段が下へと続いている。天井はギャラリーと同様、グロテスク様式のフレスコ画で豪華に装飾されている。ピエトラ・セレーナの階段を降りきると、同じく天井画のある広間、ついで木製の格天井をもつ次の間に至る。回廊はここで左に折れ、さらに約八メートル降りると、窓越しにアルノ川の水面が見える。ヴァザーリ回廊の代名詞ともいえるエリアBに到着したのだ。天井は平らに変わり、壁面には数多くの肖像画が並んでいる。

ギャラリーから回廊へと続く大階段

・エリアB

アルキブジエーリ通りと平行して、アーケードに支えられた回廊は約一〇〇メートルの距離をまっすぐ進む。幅約三・三メートルの回廊には、川側に矩形、街側には円形の窓が並ぶ。窓にはすべて、ものものしい鉄格子がはまっている。川側の窓からはアルノ川対岸の街並みや田園風景を望み、市内側の丸窓には通りを隔てた住宅が迫る。回廊の突当りはいったん区切られ、扉を抜けるとすぐに直角に折れ曲がり、ポンテ・ヴェッキオ上部へと続いていく。

ウフィツィ南翼から見た回廊とポンテ・ヴェッキオ

ポンテ・ヴェッキオ上では、回廊は既存の石造アーケードの上に載せられている。この部分の床の高さが、ウフィツィからの出口および川岸の回廊の高さを決める基準となった。アーケードが途切れる橋の中央部では、新たに三連アーチを掛けて、ここをまたいでいる。この中央部のみ、ほかの窓とは異質な矩形の大窓が開口する。これは一九三九年に、ヒトラーを迎えるためにムッソリーニによって設けられたものだ。

丸窓を覗き込むと、足下の橋と街の風景を見渡せる。市民は鉄格子がはまる小さな丸窓に大公の目を連想し、その絶え間ない監視を想像して畏怖の念を覚えたという。ウフィツィの大階段を降りた後、床はほぼ水平だったが、橋の中央部からはゆるやかな登り坂になる。突当りで右へ折れ曲がった後、回廊の幅はぐっと狭くなる。

ポンテ・ヴェッキオのたもとには、マンネッリ家の塔がそびえる。回廊の建設時、同家は塔内の通過を拒んだため、回廊は塔を迂回せざるを得なかった。塔の側面には、幅約一・三メートルの回廊が空中に迫り出す。塔の外壁をなぞりながら六たびも折れ曲がる回廊は、変化に富んだ造形美を見せる。

・エリアC

ポンテ・ヴェッキオを渡りきり、マンネッリ家の塔を後にした回廊は、大小ふたつのアーチでバルディ通りを軽々とまたぎ、ウブリアーキ家の塔が立つ街区内部に進入する。これらのアーチはドイツ軍に爆破されたが、戦後元通りに復元された。回廊の床と直下の道路との高低差は約七メートルだ。回廊内には塔の壁面が露出する。天井はここより半円ヴォールトに切り替わる。回廊は街区から飛び出してロッシ広場上空を渡り、サンタ・フェリチタ聖堂の前面を通過する。

回廊を支えるアーチ群（アルキブジエーリ通り）

ポンテ・ヴェッキオ上部。回廊の内部

丸窓から見降ろすポンテ・ヴェッキオの家並み

空中を行くヴァザーリ回廊を支える三連アーチは、聖堂前のアーケードにも見える。回廊の壁には、聖堂内を高所より見渡す窓が設けられている。桟敷席の背後、鉄格子がはまる幅約四メートルの横長窓から、コジモ一家は他人と交わることなく、安全にミサに参加することができた。

聖堂の窓を過ぎると、回廊はサンタ・フェリチタ修道院に沿った長いスロープを降り始める。スロープに窓はひとつもなく、起点と中間地点の二カ所は丸天井の踊場で分節されている。ずらりと並んだ肖像画は、こちらをじっと見つめている。外の世界と遮断され、ゆるやかに折れ曲りながらどこまでも続くトンネル状の空間は、回廊の中で最も印象的な場所だ。

スロープを降りきると回廊は左へ折れ、床も天井も平らに戻る。突当りには、基壇の奥に古代ローマの大理石像が飾られた

マンネッリ家の塔を迂回する回廊

回廊内に露出する、ウブリアーキ家の塔の壁面

サンタ・フェリチタ聖堂前を通過する回廊

桟敷席背後の窓から望む聖堂内

グロッタ・グランデ脇の回廊出口と延長部（左手）

壁龕がある。修道院中庭に面して窓が開口し、彫刻群は明るく照らされている。壁龕の脇には上階へ進む階段と、ボボリ庭園に至る通路があり、後者はヴァザーリ回廊の当初の終点へと続く。

回廊最終部は、グロッタ・グランデの脇を進む。グロッタの台形平面と直線の壁に挟まれた通路は、階段が増築されたために幅約七〇センチと回廊内で最も狭い。階段脇を過ぎると幅は二メートルに広がった後、戸口に向かって再び絞られていく。両開きの扉を開けると、グロッタの左脇に出た。回廊の暗がりに慣れた目に、陽光がまぶしい。ボボリ庭園の緑が広がるその奥には、パラッツォ・ピッティがそびえている。

・エリアD

フェルディナンドI世による延長部（一五八九）は、少し戻って先ほどの壁龕脇の階段から始まる。階段を上がると、ヴォールト天井の広間に至る。本来の回廊出口は、この天井までの高さをもつ広々としたものだった。続く階段を上がりきると、直径一・八メートルの円形の小部屋に至る。当初の出口の真上にあたる、このつなぎの間から角度が少し振れて、回廊は街と庭園とを仕切る外壁の上をまっすぐ八〇メートル進む。幅一・三メートル、内部は白塗りの歩哨通路のような回廊は、庭園側にのみ窓をもつ。街中に見るヴァザーリ回廊はスタッコ仕上げの質素な外観であるのに対して、庭園側の壁面は円形と矩形の窓が交互に連続し、外壁には華麗なグラッフィート（掻き絵、第6章を参照）が施され、庭園を彩る装飾の一部となっている。グロッタから一直線に延びる回廊は、パラッツォ・ピッティ東翼に到達して終了する。

ヴァザーリ回廊は、もともと市内に分散していた大公の政治、行政の場と居住の場を空中でつなぎ合わせるとともに、既存の都市空間の上に君主の公的・私的領域を重ね合わせた。トスカーナ大公国の運営に欠かせない各施設はひとつに連結され、フィレンツェの中心部は君主の大邸宅を構成する領域の一部へと、その意味するところを変化させたのである。この他に例を見ないルネサンス期のユニークな都市計画をもって、フィレンツェの都市の軸線は遂に完成されたのだった。

第4章

ロッジアの空間

中間領域

寒かった冬も終わり、日一日と暖かくなってくると、春の日差しを浴びながら戸外で過ごす時間も段々と心地よく感じられるようになる。人影もまばらだったジェラート屋の店先も、早々に賑わい始める。イタリア語で「ロッジア」や「ポルティコ」と呼ばれる、立ち並ぶ列柱の上に屋根をさしかけた空間は、こうした屋外でのひと時にうってつけの場所だ。

一般にヨーロッパの建築は、石やレンガの厚い壁によって内部と外部とがはっきりと区切られている。建物の内部は雨や風、寒さや暑さ、敵の襲撃など、外界の脅威から守られた安全な場所だが、組積造という構造上の制約から開口部の面積も限られ、採光や通風に関しては乏しくなりがちだ。一方で温暖湿潤な日本では、夏の蒸暑さを考慮して、伝統的に風通しのよい開放的な造りが好まれてきた。中でも縁側や軒下といった、日差しや風雨を避けながら快適に過ごせる内部と外部の中間にあたる場所、中間領域は大きく発達し、日本建築の大きな特徴となっている。

しかし内と外との区分けが厳格なのは、冬の寒さが厳しい北ヨーロッパの話で、気候のゆるやかな地中海世界では、日本の縁側との共通点もどこかに感じられる、こうした中間領域の空間が数多く見られる。本章では半屋外の空間であるロッジアに焦点を当てて、様々な角度から紹介していきたい。

ロッジアで憩うひと時（バルディーニ庭園）

ロッジアとポルティコ

本題に入る前に、共に開放的な半屋外の空間であり、よく似た存在であるロッジアとポルティコの違いを説明しておこう。「開廊」とも訳されるロッジアは、アーチや柱で屋根を支える独立した空間を指す。古来より公共の広場に面して建つ独立した一戸の建築として、ロッジアは会議場や衛兵の詰所など、人々が集う場所として使われてきた。ロッジアが個人住宅に設けられる場合、庭園の緑や中庭に面して置く他に、屋根付きテラスとして最上階にもつくられた。

サン・マルコ修道院内の壁画、フラ・アンジェリコが描く「受胎告知」には、聖母マリアに天使が受胎を告げる舞台としてロッジアの空間が見事な透視画法で描かれている。図中のロッジアは、天界からの使者を受け入れる光あふれる場所として表

受胎告知（フラ・アンジェリコ、1437-46）

ポルティコが続く街路（ボローニャ）

現されている。ルネサンス風のシンプルなロッジアの深い奥行は、聖母と天使を結ぶ画面横方向の軸と交差し、二人の会話を強調しているかのようだ。

これに対してポルティコ（列柱廊）とは基本的に、より長く、連続した空間だ。ポルティコは建物正面の玄関ポーチや車寄せを意味すると同時に、修道院の中庭や街路沿いに続くものを指す。我々にはアーケード（もともとはアーチが連続する空間の意）と言い換えたほうがイメージしやすいかもしれない。

古代ギリシャ・ローマの都市では、中心広場やメインストリートの両側は、立ち並ぶ列柱がつくるポルティコで飾られていた。天候に左右されない通行が保証された庇の下では、狭く暗い屋内から出てきた人々が集まって話をしたり、商人が品物を並べたり、職人が道具を持ち出して作業をしたり、教師が生徒を集めて学校を開くなど、実に様々な用途に使われた。ポルティコは単なる雨よけの街路ではなく、まさしく多目的な公共空間だったのである。

閉鎖されたロッジア（オルサンミケーレ）

こうした都市の公共空間としてのポルティコの伝統は、ボローニャやパドヴァをはじめとする北イタリアの街並みに引き継がれており、今日でも木造、石造、レンガ造など様々なデザインを見ることができる。一方、フィレンツェの街には一九世紀につくられたレプッブリカ広場やリベルタ広場を例外として、街路としてのポルティコはほとんど見られない。

ロッジア開口部のデザインには、アーチや矩形、円柱や角柱など、建物の規模や時代に応じたバリエーションが見られる。後にこれら開口部を塞いで、屋内空間とされたロッジアも多い。最上階のロッジアが美術ギャラリーへと改装されたウフィツィは、その最たるものだ。

カルツァイウォーリ通りにどっしりと構える巨大なゴシック建築、オルサンミケーレも閉鎖されたロッジアのひとつだ。サン・ミケーレ礼拝堂（八世紀）跡地にアルノルフォ・ディ・カンビオによって建てられた穀物倉庫が火災で失われた後、再建された倉庫の開廊は、後に尖頭アーチの三連窓によって塞がれて、祭礼の場へと姿を変えた（一三八〇）。外壁の壁龕には、各アルテが納めたそれぞれの守護聖人の彫像が並ぶ。これほど立派なものではないが、市内各所に見られる室内化したロッジアは、窓枠も木製やモダンなスチールサッシ、ステンドグラスや一枚ガラスなどがはめ込まれ、それぞれ工夫が凝らされていて大変興味深い。

フィレンツェの街では大小様々、多彩な顔ぶれをもつロッジアに出会う。以下、ロッジアを都市空間に置いたものと、住空間に置いたものとの二種類に分けながら、各々の代表的な例を見ていくこととしよう。

都市空間の中のロッジア

・ロッジア・ディ・ランツィ

市政の中心であるシニョリーア広場には、この街を象徴するロッジアが建つ。ロッジア・ディ・ランツィまたはロッジア・ディ・シニョリーアと呼ばれる建物は、フィレンツェ共和国の集会場兼公式行事の会場として、一三七六年から八二年にかけて建設された。

ロッジア・ディ・ランツィ（14C）

ランツィという名称は、ここに一五二七年、ローマ掠奪に向かうドイツ人槍兵（ランツクネヒト）が宿営したこと、またトスカーナ大公の護衛兵が詰めていたことによる。建築家の名にちなんで「オルカーニャのロッジア」とも呼ばれたロッジアは、フィレンツェのゴシック様式の建物によく見られる葉飾りの柱頭をもつ。アーチの間に埋め込まれたテラコッタ装飾は、それぞれ「不屈」「節制」「正義」「慎重」の四つの徳を表す。

三つの半円アーチと交差ヴォールトによる大空間は、隣の四階建ての建物を上回る。市民集会の際にはシニョリーア広場を埋め尽くす群衆に対して、ロッジアの高い基壇はステージのような役割を果たした。

一六世紀からはメディチ家の彫刻ギャラリーとして用いられたロッジアには、古代ローマの彫像に加えて、チェッリーニによる「ペルセウス」（一五五四）やジャンボローニャ作の「サビーニ女の略奪」（一五八三）など、著名な彫刻の数々が置かれている。ロッジア入口を守る大理石のライオン像「マルゾッコ」は、フィレンツェ共和国のシンボルである。二体のうち、右はローマ時代のもので、左はこれを元に一六〇〇年に制作されたものだ。

このロッジアは北向きで、南面と西面は壁で閉じられている。一方、東側はアーチで解放されており、アーチ越しにウフィツィを垣間見る。アルノ川に抜けるウフィツィ広場とシニョリーア広場は、ロッジアを通じた斜めの視線でつながれている。ふたつの広場を連続させ、一体感をもたせるためにも、ロッジアは一役かっているのだ。常に影をたたえるロッジアは、パラッツォの壁に囲まれた平面的な広場に奥行を与えている。広場を描いた絵図ではその中心に置かれることが多いことからも、ロッジアがいかに広場空間の要として見なされていたかが伺える。

シニョリーア広場での行列（18Cの版画）

ロッジア内から見たシニョリーア広場（19Cの絵画）

ロッジア屋上のオープンカフェ

ウフィツィの建設に際して、背後の造幣局がウフィツィ内部へ取り込まれると共に、ロッジアの屋上はテラスへと改装される（一五八三）。大きなテラスは、広場で行われる式典やイベントを眺める大公の貴賓席となった。今日、テラスには美術館を見学し終えた来館者が立ち寄るオープンカフェが設けられている。広場を見降ろし、右手にパラッツォ・ヴェッキオの胸壁が迫るテラスからの眺めは絶景だ。

・メルカート・ヌォーヴォのロッジア

ロッジア・ディ・ランツィからパラッツォ・ヴェッキオを背にしてポル・サンタ・マリア通りに出ると、右手にメルカート・ヌォーヴォのロッジア（一五五一）が建つ。「新市場」の名称は、レプッブリカ広場にあったメルカート・ヴェッキオ（旧市場）に対するものだ。旧市場が取り壊された後も、ロッジアにはいまだに「新」の名称が残されている。

高級絹織物の販売所として建設された矩形のロッジアは、四面すべてが半円アーチによって開放されている。建物の隅は

メルカート・ヌォーヴォのロッジア（16C）

ロッジアの床に残る「スキャンダルの石」

ポルチェッリーノ（子ブタの噴水）の像（P.タッカ、1612）

ピエトラ・フォルテのがっしりとした角柱で、その間に立つほっそりしたピエトラ・セレーナの円柱と好対照をなす。日中のロッジアは土産物のTシャツや小物を売る屋台で埋め尽くされているが、夜になると屋台は皆、路地裏の倉庫に引き上げる。ロッジアは夜間、美しくライトアップされ、がらんとした空間は、日中の繁雑ぶりを目にした後には贅沢にすら感じられる。

ロッジアの床の中央には、屋台がいない時にしか見ることができない車輪状のモザイクがある。六本のスポークをもつ車輪は、共和国の戦車の車輪をモチーフにしたものだ。戦の前、モザイクの上には軍旗を掲げた戦車が駐車し、その周りには兵士たちが集合した。モザイクはまた、スキャンダルの石とも呼ばれる。ルネサンスの時代、ここに引き出された支払い不能の破産者は、手足を鎖でつながれ、尻を鞭で叩かれたという。

この建物はロッジア・デル・ポルチェッリーノ（子ブタのロッジア）の別名をもつ。隣の証券取引所に面する側にピエトロ・タッカ作のブロンズ像、ポルチェッリーノ（一六一二）があるからだ。子ブタと言いつつ、実際はイノシシの像で、ウフィツィ美術館にある古代ギリシャ彫刻のコピーである。触れると幸運を招くといわれるイノシシの鼻先は観光客の手で磨かれて、ピカピカと金色に輝いている。

・ロッジア・ディ・ペシェ

第2章で紹介したサン・ピエール・マッジョーレ広場を過ぎて、そのままピエトラピアーナ通りを東に進んだ右手には、その昔フィレンツェに大繁栄をもたらした毛織物工業の労働者たち、チョンピ（毛梳き工）の名をもつ広場が広がる。一三七八年、彼ら下層市民は経済的困窮からミケーレ・ディ・ランドをリーダーとして立ち上がり、大アルテが支配する共和国政府に対して、新たに三つの組合結成を認めさせた。しかしこのチョンピ広場から歴史的なストライキが始まった、というわけではなく、現在の広場は一九四八年の区画整理によって設けられたものだ。ここには家具から食器、古着、古書まであらゆる古道具を扱う小屋が並ぶ、常設のノミの市が開かれている。毎月、最終日曜日に開かれる恒例の市では、周囲の道路も各地から集まる古物商の露店であふれる。

広場と通りはロッジア・ディ・ペシェ（魚のロッジア）の名で親しまれる細長いロッジア（一五六七）によって仕切られる。このロッジアはもともとメルカート・ヴェッキオ内に建っていたものだ。その名の通り、鮮魚の売買が行われていたロッジアは食料品市場の一部をなしていた。ここで商う魚屋は、始めはアルノ川のほとり、アルキブジエーリ通りで市を開いていたのだが、ヴァザーリ回廊の建設のために立退きさせられ、このロッジアに移ってきたのだった。

回廊と同じくヴァザーリによるデザインは、ピエトラ・セレーナのエレガントな細い円柱と、朱色に塗られた半円アーチが印象的だ。建物の角にはメディチ家の紋章、中央には建設記念の扁額を掲げる。丸いメダルにはロッジアの性格を示す、色々な種類の魚が踊る。

連なる九つのアーチのうち、中央は他のものよりわずかに大きく、中心性が強調されている。縦長のロッジアはふたつのボリュームに分けられていて、中央部では床面が一段下がると共に、中央および両端では円柱ではなく角柱が用いられている。全体としては、四つのアーチをもつロッジアがふたつ、ひとつ屋根の下でつながっているような構成だ。

一八八五年から九五年に行われたリサナメントの際、このロッジアも旧市場とともに取り壊されてしまったが、紋章、魚の彫刻、柱頭など主要な部材はサン・マルコ修道院内に保管された。その後一九五六年、街外れのこの広場に、オリジナルの部

チョンピ広場で開かれるノミの市の様子

取壊し以前のロッジア・ディ・ペシェ（メルカート・ヴェッキオ内）

魚が踊るメダル

仮設のバールでにぎわう夜のロッジア（2007）

材を使いながら、ロッジア・ディ・ペシェは往時の姿のままに再現された。

ちなみに現代のレスタウロの考え方からすれば、一度取り壊されたルネサンス期の建築を、敷地を変えて新たに復元するなど、まずあり得ないことだ。建築とは基本的に、地面に根を下ろした不動の存在であり、周囲を取り巻く様々な要素との密接なつながりの上に成り立っているものだからだ。とはいうものの、再建後五〇年以上を経た今では、ロッジアは街並みにも人々の生活にもすっかり溶け込んでいるように見える。

普段のロッジアは飾らない、気楽な場所だ。皆、基壇に座ってジェラートを食べたり、日陰で談笑したりしている。私が滞在した二〇〇七年の夏、ロッジアには仮設の屋外バールがにわかに出現した。中央に据えられた厨房の水道や電気は、裏手の広場から引っ張ってきたもので、その左右には周囲の骨董品店の協力により、古家具の椅子とテーブルが並べられた。机上の一輪挿しは、ロッジアの端にある花屋が生けたものだ。日が暮れてあたりが暗くなると、天井に吊り下げられたキャンバスには音楽ビデオが上映される。

歴史的な建物にほんのひと手間を加えて、気の利いた場所に生まれ変わらせる技は、レスタウロの本場イタリアではお手の物だ。週末には夜更けまでジャズの生演奏が続く光景を見て、フィレンツェの夏の新たな風物詩のひとつができたと思っていたのだが、これはどうやらひと夏限りの実験的なイベントだったようだ。歴史的な街並みの良さを再発見し、街の活性化を図るこうした試みは、街の至るところで積極的に行われている。

住空間とロッジア

・ルチェッライ家のロッジア

ルネサンス時代の裕福な都市貴族は、自身の社会的地位と権力を誇示するべく、豪華なパラッツォを建てると共に、その堂々とした姿を見渡せるよう、前面に広場を設けた。広場の一角には私的なロッジアも建てられ、舞踏会や祝宴などのイベントや社交の場となった。

ルネサンス建築の傑作、パラッツォ・ルチェッライ（第6章を参照）の正面には、ヴィーニャ・ヌォーヴァ通りを挟んで三角形の広場がつくられた。広場の一辺には、ロッジア・ディ・ランツィの小型版のような同家のロッジアが建つ。ルチェッライ家のロッジアは個人が建設した独立型のものの中で、唯一現存する建物だ。

ルチェッライ家のロッジア（15C）

閉鎖されたロッジア（1880年頃）

三連アーチの上部には、ルチェッライ家の紋章であり、幸運のシンボルでもある風をはらんだ帆布が描かれている。正方形と円を基準とするシンプルな幾何学的比例で構成された円柱とアーチは、パラッツォと共にルネサンス建築の特徴を明確に示すものだ。舞台の書割りのように平面的なパラッツォに対して、ロッジアの立体的な構成は、決して広くはない広場に視覚的な広がりを与えている。

このロッジアでは一四六〇年、

ベルナルド・ルチェッライとナンニーナ・ディ・メディチの婚礼の祝宴が開かれた。フィレンツェを代表する二家の結婚は、豪華王ロレンツォと並ぶ芸術と文芸の大パトロンだった新郎の父、ジョバンニ・ルチェッライを大いに喜ばせた。

　ロッジアは一七世紀後半に彫刻家のアトリエとして使われ、古写真に見るとおりアーチは壁で塞がれてしまう。その姿は、サン・ピエール・マッジョーレ広場のアーケードを彷彿とさせる。一九六三年に行われたレスタウロによって、ロッジアはかつての開放的な空間を取り戻した。現在では前衛的なデザインの家電メーカー、バング&オルフェンのショールームになっている。大きな開口部には透明ガラスがはめ込まれ、広場に向けて大きく開口したロッジアは、あたかもそれ自体がひとつの大きなショーケースのようだ。

サトゥルヌスのテラスからの眺め（20C初頭の絵画）

・最上階のロッジア

　ロッジアは広場や街路など公共の場に置かれるばかりでなく、住宅を形づくるうえでも魅力的な一要素となる。郊外のヴィッラに設けられたロッジアは、庭園を眺めながらのひと時を過ごす半屋外のサロンになる。こうした庭をもてない密集した市内では、ロッジアは中庭や建物の最上部に置かれ、街の見晴らしを楽しむ場所となった。

　パラッツォ・ヴェッキオの裏手には、「サトゥルヌスのテラス」と呼ばれる小さなロッジアがある。これはパラッツォがコジモI世の住まいだった時代に設けられたもので、ピエトラ・セレーナの円柱で支えられる格天井はフレスコ画で美しく彩られ、フィレンツェの風景を水平に切り取る。レオーニ通りの角に位置するロッジアからは、ウフィツィをはじめとしてサンタ・クローチェ聖堂の屋根、アルノ川対岸のベルヴェデーレ要塞、丘の斜面に広がるバルディーニ庭園やミケランジェロ広場までを一度に見渡すことができる。

　上を向きながら市内を歩いてみると、素敵なロッジアをもつ建物をそこかしこに見つけることができる。中世からルネサンス初期にかけての住宅が数多く残るサンタ・クローチェ聖堂、サン・ロレンツォ聖堂、サント・スピリト聖堂の周辺やアルノ川沿いには、最上階にロッジアをもつ建物がいくつもある。眺望、陽当たり、どれも申し分ないロッジアの数々は、皆気持ちがよさそうだ。

・パラッツォ・ポッツォリーニのロッジア

中世のイタリアでは、有力家族たちがグエルフィとギベリーニの二派に分かれて政治的抗争を続けていた。フィレンツェでは一二一五年、グエルフィに三九家、ギベリーニに三三家の有力一族が所属し、ほぼ互角といえる危うい均衡を保っていた。グエルフィ派の有力一族、ブオンデルモンティ家の青年ブオンデルモンティは、アミデーイ家の娘との婚約が整っていた。

市内各所に見られる様々なロッジア

ブオンデルモンティ家の塔。左隣はパラッツォ・ポッツォリーニ

しかし青年は、これを破棄して、同じグエルフィ派であるドナーティ家の娘と結婚するように説き伏せられてしまう。ドナーティ家は商売のうえでも、また政治的にもギベリーニ派のアミデーイ家と対立する仲であった。この許し難い屈辱をはらすべく、アミデーイ家は一族を挙げて復讐を決意する。一二一五年のパスクアの日、事件は起こった。新郎は花嫁を伴ってドゥオーモに赴く途中、ポンテ・ヴェッキオのたもとで暗殺者の凶刃に倒れ絶命する。この事件が、以後数十年にわたってフィレンツェ市内を血で血を洗う戦いの渦に巻き込んだ、グエルフィとギベリーニの抗争の発端となったのである。

フィレンツェ史にその名を残すブオンデルモンティ家の塔は、テルメ通りおよびボルゴ・サンティッシミ・アポストリ通りに残されている。テルメ通りの名は、かつてこの辺りに古代ローマの公共浴場（テルメ）があったことに由来する。ゆるいカーブを描く細い道は少々陰鬱で、今なお中世の趣を強く残している。二本のうち、テルメ通りの塔はミズーレ通りをまたぐアーチで隣のパラッツォ・ポッツォリーニと連結され（一四九八）、一体の建物となった。

さて、少々前置きが長くなってしまったが、このパラッツォ・ポッツォリーニに娘の友達の一家が住む縁で、邸内を見学させていただくことができた。最上層の四階に位置する約一三〇平方メートルの住宅へは、アーチに囲まれた美しい中庭を抜けていく。不動産関係の仕事をされているご主人は、同じ建物の下階に事務所を構える。

彼らの住まいにはブオンデルモンティ家の塔がしっかりと組み込まれているが、一メートルほどの厚みをもつ塔の壁はスタッコに覆われていて、室内からは塔の石組みを見ることはできない。通りに面した窓から顔を出すと、向かいに建つパラッツォ・ディ・パルテ・グエルファの美しいグラッフィートが間近に迫る。

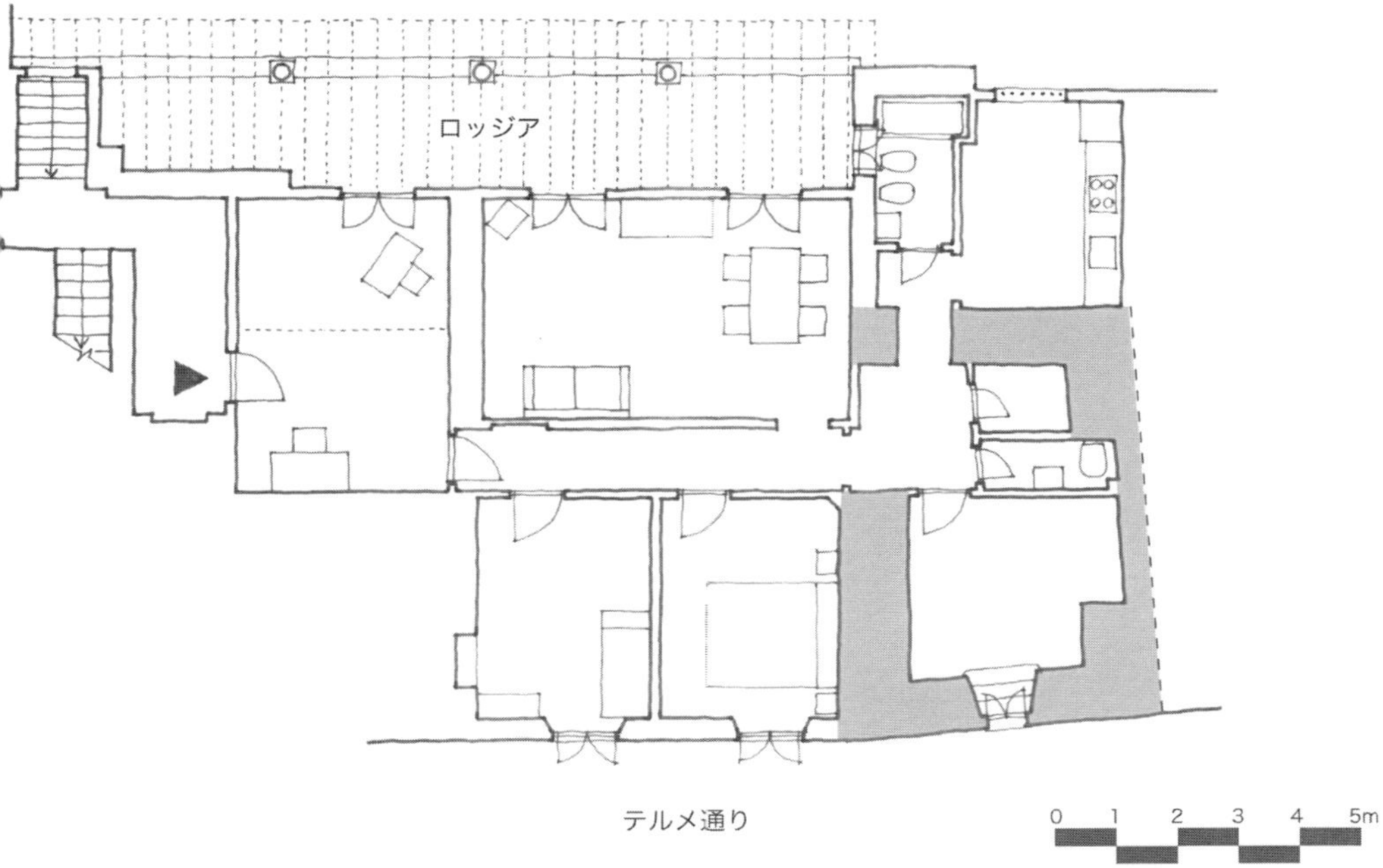

パラッツォ・ポッツォリーニ４階平面図。室内に取り込まれた塔（右下）

ピエトラ・セレーナの円柱が支える木造の小屋組

ロッジアからの眺め。アッチャイウォーリ家の塔が見える

テルメ通りと反対側にある中庭に面して、幅二メートル、長さ一二メートル、最高高さ四・三メートルのエレガントなロッジアが広がっている。三本の円柱で支えられた木造屋根はもちろん瓦葺きだ。コンポジット式の柱頭が、T形の持送りを経て松材の太い桁を支持する。垂木の鼻先が丸く雲形に削られているのが、何ともイタリアらしい。目の前には、閉鎖的なテルメ通りとはうってかわって、開放感あふれる風景が広がる。ロッジアには入口ホールと一四畳ほどのリビング・ダイニングが面しており、高さ三メートルの両開き戸から入る陽光で、室内はほどよく明るい。

隣家の屋根の向こうにそびえるのは、今は三ッ星ホテルの一部となっているアッチャイウォーリ家の塔だ。塔の頂部、白いスタッコ仕上げのテラスと階段室が小気味よいアクセントになっている。このロッジアからは、ご近所の窓辺もよく見える。奥様によると、ポンテ・ヴェッキオに近いこの地区は宝石職人の工房が多く、目に入る部屋のほとんどは彼らの仕事場だとか。

居心地のよいロッジアは、普段は洗濯物を干すなど、日々の生活に欠かせない場所だ。電灯の無い昔、明るいロッジアは様々な手作業の場でもあった。天気がよい日はテーブルを出して食事するもよし、お茶を飲んだり本を読んだり、昼寝をするのにも最高だろう。仕事や家事に疲れたとき、ちょっと外に出ての息抜きにも、ロッジアはぴったりの空間だ。

コラム2

洪水の記憶

一九六六年一一月、強烈なサイクロンがイタリアを襲った。年間平均が九二一ミリというトスカーナ地方で、二四時間降水量が一九九ミリという集中豪雨が続く中、アペニン山脈からあふれる急流を受けてアルノ川はみるみる水位を増し、一一月四日、ついに決壊した。川沿いの街は濁流に飲まれ、フィレンツェもまた濁った水に沈んだ。

ルネサンスの都が受けた被害は甚大だった。ポンテ・ヴェッキオ上の店舗は下流へと流され、ウフィッツィ美術館の地下倉庫は完全に水につかり、一階にあった国立古文書館と川沿いに立つ国立図書館では、損害は貴重な古文書や書籍数万冊に及んだ。大聖堂もすっかり水につかり、洗礼堂を飾るギベルティ「天国の扉」のパネル数枚は激流に運ばれ、その内何点かが二キロ以上も離れた地点で見つかったという。サンタ・クローチェ聖堂の周辺は最も被害が大きく、一三世紀の傑作、チマブーエによる磔刑像は見る影もなく破壊されてしまった。

水が引くと、街は汚泥と残骸、さらには冬の寒さに備えて地下の貯蔵庫に蓄えられていた重油であふれた。

街の復旧には、世界中から援助が寄せられた。傷ついた美術品を手当てすべく、数多くの修復技師が駆けつけた。ベッカリーア広場近くに移転した国立古文書館では、現在も古文書の修復が続けられている。日本の手漉き和紙を使った技術は、多くの書物をよみがえらせたという。

サン・ニッコロ聖堂外壁に残る、水位を示す1966年（左）と1557年（右）の標識

大災害の象徴となったチマブーエの磔刑像は、入念なレスタウロが施された。長期にわたる修復が完了した十字架は、サンタ・クローチェ聖堂付属美術館に展示されている。

洪水から四〇年以上が経ち、街並みは一見、完全にかつての姿を取り戻したかのように見える。しかし、いったん水の底に沈んだ地下室は、いまだ完全には湿気が抜けきらないと聞く。

街を歩いていると、建物の外壁に水平線を刻んだ大理石の標識をしばしば見かける。標識の位置は、目の高さぐらいのときもあれば、頭上はるか上に記されている場合もある。これは洪水の際、この地区が水平線まで水につかったという印なのだ。標識の中には遙か昔、一四世紀や一六世紀に起こった洪水の水位を示すものもある。壁面に掲げられた標識を見上げる時、当時の被害のすさまじさをまざまざと実感する。

水に沈んだサンタ・クローチェ聖堂（1966）

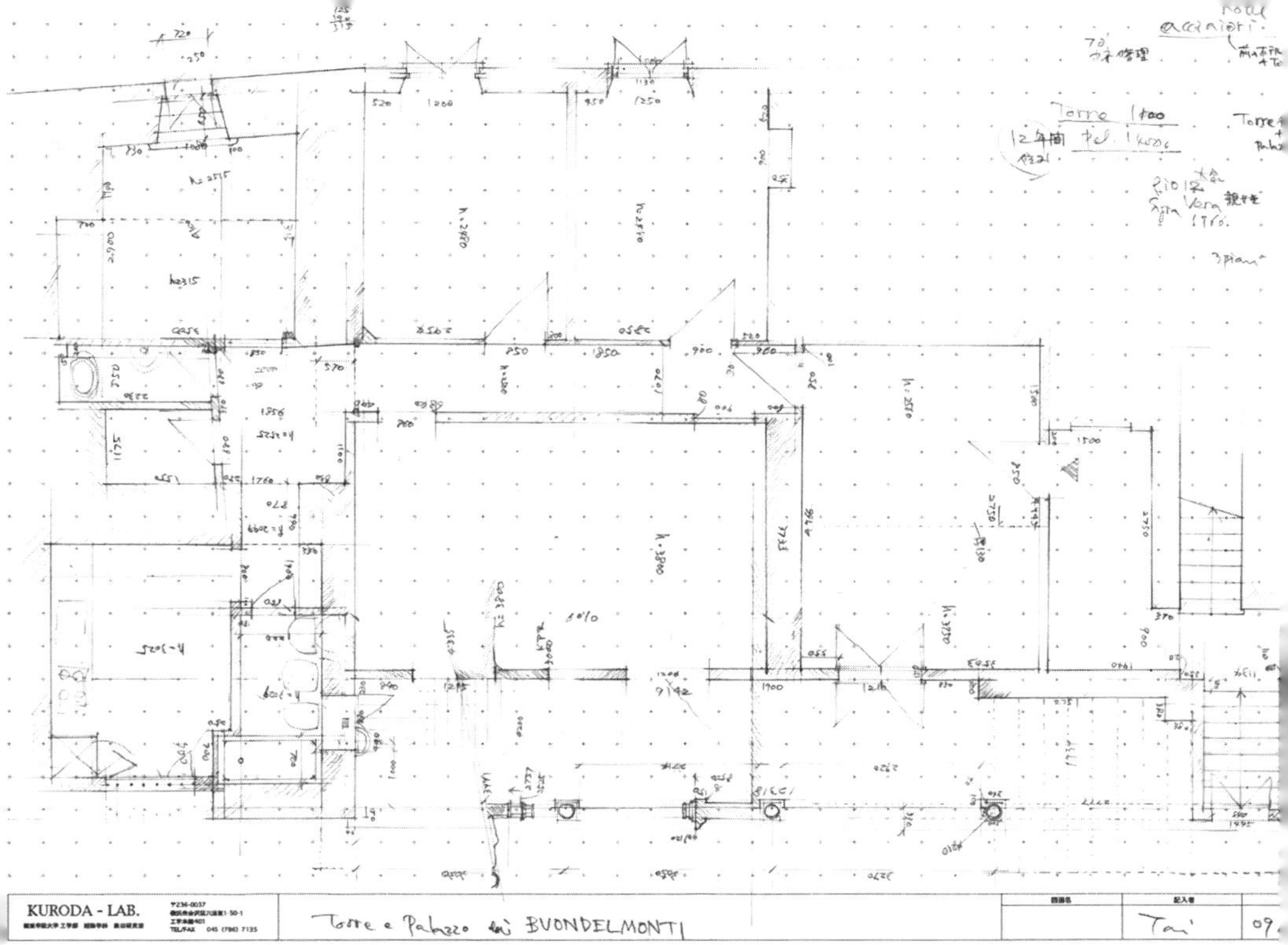

パラッツォ・ポッツォリーニ実測調査時の野帳

第2部　住宅 CASA

❖住まいのかたち

歴史的都市フィレンツェには中世の塔や、日本の町屋にも似た細長い住宅、近代的なコンクリート造の住宅まで、実に多様な住まいが混在している。こちらでは築五〇〇年の住空間など珍しくもなく、一〇〇、二〇〇年前の建物はこの街ではまだまだ新しい部類に入る。

イタリアでは、住宅は大きくパラッツォとカーサのふたつに分かれる。パラッツォは貴族や大商人が建てた豪華な邸宅であるのに対して、カーサは一般市民が住まう住宅を指す。

私はこれまで歴史的中心地区の中で、五軒の家を借りて住んできた。各国から来た留学生とのシェアハウスや、窓やテラスからの大聖堂の眺めが素晴らしかった家など、規模や建設時期、種類も様々だ。その中でも中世の塔に住んだ経験は、最も思い出深い。レンガ積みのヴォールト天井や塔の石組みが露出する壁面など、都市と建築の歴史を居ながらにして実感できる、素敵な部屋だった。

一番最近に住んだ家は、中心部にありながら夏にはホタルが飛ぶ、テラス付きのアパートメントだった。北向きで直射日光が入らない家、と書くと、とても住みづらいところのように聞こえるが、四〇度近くなる酷暑のフィレンツェでも冷房いらずの快適さで大いに助かった。

「第2部　住宅」では歴史的住宅から近代建築まで、フィレンツェのカーサの数々を種類別に紹介していきたい。ここで紹介する住宅はすべて、私の生活体験に加えて、建物の実測調査と居住者へのヒアリングに基づくものだ。日常の中で息づく住まいのかたちを見てゆく。住宅編の始まりとして、まず次章ではフィレンツェの街を語る上で欠かせない中世の塔を巡っていくこととしよう。

第5章

中世のカーサ・トッレ

塔の時代

塔は本来、見晴らしのきく場所に建設された軍事施設である。そこには見張りの兵士が常駐し、高所から敵の接近をいち早く見つけ、のろしを上げて友軍に知らせた。中世のイタリア都市では、この塔が市壁に囲まれた狭い市内に持ち込まれる。その背景には、貴族や有力一族が自身の権勢を誇示するために塔の高さを競ったこと、また同じ市内に住む政敵からの攻撃に対抗するという、大きくふたつの理由があった。市内がグエルフィとギベリーニの二派に分かれて敵対する不穏な時代、塔は抗争時に一族郎党が避難し、立て籠もるための建物だった。すでに第2章で紹介したドナーティ家の塔、第4章で紹介したブオンデルモンティ家の塔も、こうした塔のひとつである。

フィレンツェ共和国がヨーロッパ有数の都市にまで大きく発展した推進力となったのは、毛織物工業を中心とする大商人たちのアルテだった。カリマーラ組合に代表される彼らの組織に対抗して、貴族たちはソキエタス・トゥリウム（塔仲間）をつくった。反目しあうだけでなく、結集するためにもまた、塔は重要な象徴であったのだ。

中世のイタリア都市はどこも大なり小なり、数多くの塔が林立する針山のような姿をしていた。その中で

塔が建ち並ぶ中世のフィレンツェ（14C前半の壁画）

塔の街 サン・ジミニャーノの眺め

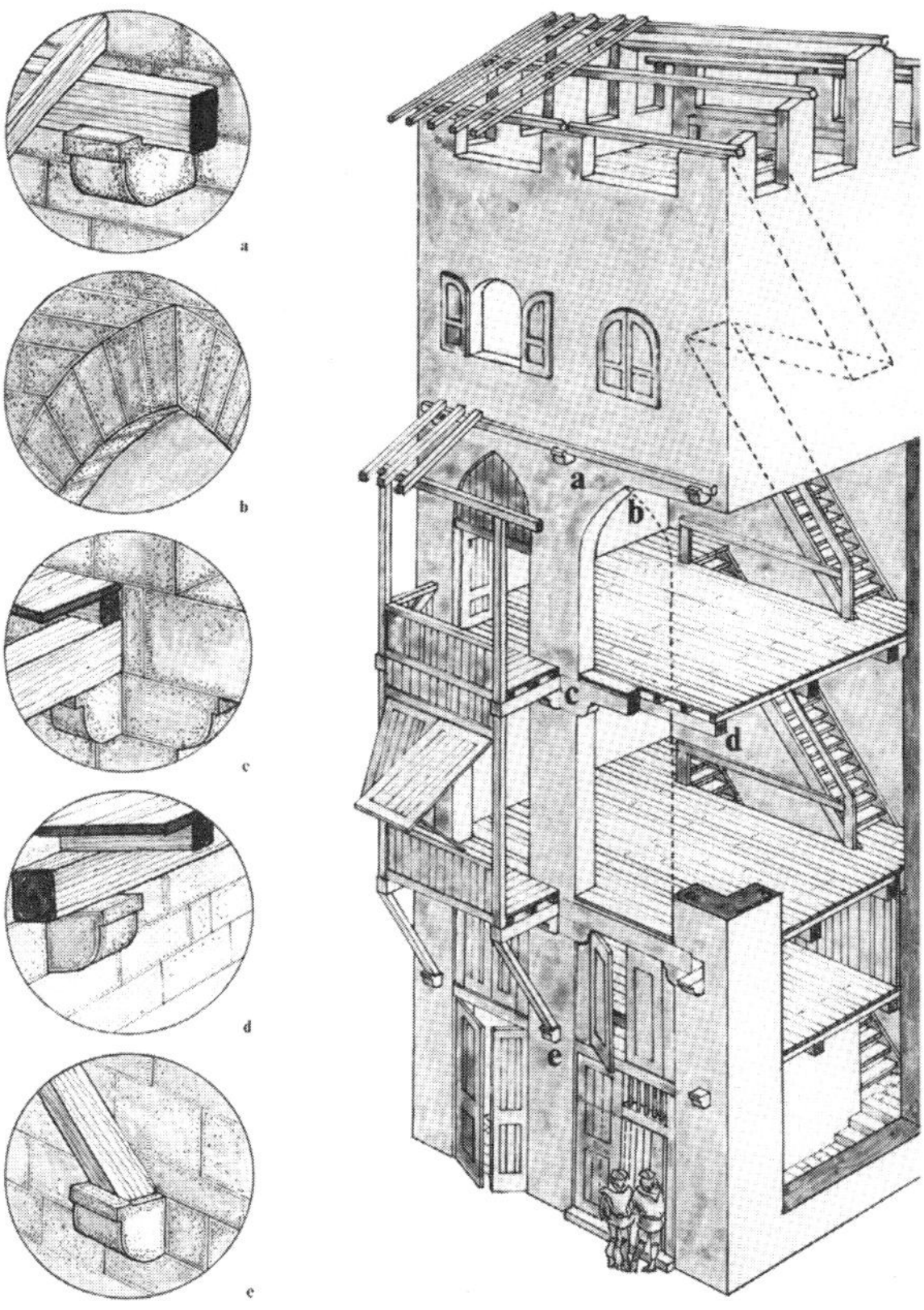

塔の内部図解。左図はバッラトーイオの細部

当時の雰囲気を最も良く残すのは、世界遺産に指定されたサン・ジミニャーノの街だ。「中世のマンハッタン」とも呼ばれる、丘の上にそびえる塔がつくる特異なシルエットは、遠方からもはっきりと見える。

一三世紀のフィレンツェには、市壁内に一五〇本あまりの塔が建ち並んでいたという。各家が競った塔の高さは約七〇メートルにも達し、壁の厚みは一メートルほどもあった。入口は通常、地上にひとつのみ。壁面各所には、敵に矢を射るための細長い開口が設けられていた。内部は煙突のような吹抜けに、らせん状に階段を設けただけのもの、木造の床を適宜設けたもの、レンガのヴォールト天井を架けたものなど、規模や内容も様々だった。

屋上に取り付けられた矢狭間の形は、所属する政党を意味した。上が平らなノコギリ状ならばグエルフィ派、両端が尖ったツバメの尾状であればギベリーニ派、といった具合である。狭間は塔のみならずパラッツォの屋上にも設けられ、一族の所属政党を示す目印となった。

今日見る塔の外壁には、無数の四角い穴が開いており、時には穴の下に石材の持送りが添えられている。今ではハトの巣になっているこれらの穴は、角材を差し込んで外壁にバルコニーを巡らすためのものだ。「バッラトーイオ」と呼ばれた木造の張出し通廊によって、塔は隣接する他の塔や建物と連結されていた。バッラトーイオは、平和なときには下の街路を行く行列や式典を眺めたり、タピストリを掛けて建物を飾る格好の場となったが、有事の際には塔の足下に迫る敵に向かって投石したり、煮えたぎった油を浴びせかけるなど、攻撃の最前線となった。バッラトーイオで連結され防備を固めた塔は、中庭には井戸やかまど、地下には倉庫を備える、小規模な要塞を構成した。

このような塔と一体になった住まいは「カーサ・トッレ」（塔状住宅）と呼ばれる。カーサ・トッレは、中世イタリア都市を代表する住宅類型のひとつであり、フィレンツェをはじめとしてボローニャ、シエナ、ピサなど各都市に見ることができる。

軍事目的が優先された塔の内部に人が住むことはほとんどなかった。行政長官の官邸、後には検察庁庁舎として使われたバルジェッロ（現在は国立美術館）の角にそびえる「ヴォロニャーナの塔」の名称には、かつて塔内に幽閉された男の名が残る。

バッラトーイオで連結された複数の塔

ヴォロニャーナの塔（バルジェッロ）

公的な塔では、空中に孤立した空間は独房として用いられたのだ。市内各所からよく見える高所の独房は、見せしめとしても大きな効果があった。

激化する都市内抗争に歯止めをかけるために、フィレンツェでは一二五〇年、法律で私設建造物の高さが五〇ブラッチャ（約三〇メートル）以下と制限された。すでに建っていた塔でも、違反するものはその上部を切り落とされた。政権を握った派閥が敵対する反対派を追放し、彼らの塔を打ち壊して財産を没収することもたびたびであったため、建設当初の高さのままに残る塔は数少ない。

その後、時代が安定し、軍事的な機能が薄れてくると、塔の中には常設の床が設けられ、狭いながらも部屋として整えられて、通常の生活空間の一部となっていった。中には上部を削られて低くされた上に、隣接する建物に取り込まれ、一見しただけではその存在の見分けがつかない塔もある。しかし中に入ってみれば、その壁の不自然なほどの厚み、窓の小ささが部屋の出自を明確に示しており、見誤ることは決してない。

パリアッツアの塔

フィレンツェのメインストリート、カルツァイウォーリ通りの裏手にある小さなサンタ・エリザベッタ広場に面して、パリアッツアの塔はひっそりと建っている。市内最古の建築物ともいわれるこの塔は、フィレンツェがビザンツ帝国に支配されていた六世紀半ば、縮小した市域を囲む市壁の見張り塔として建設されたものだ。半円形の平面は、水槽とも公共浴場の一部ともいわれるローマ時代の建物が、塔の基礎として使われたことに起因する。

一三世紀には、塔の一階は女性専用の監獄として使われていた。うわさでは、今でも女性の幽霊が出没するとか。監獄の後には一階は店舗として使われ、上階は倉庫や住宅となった。

その後、時代と共に塔は周囲の建物の中に埋没し、わずかに頭を覗かせるのみであったが、一九八八年に前面に張り付いた住宅を撤去しつつレスタウロされ、旧サンタ・エリザベッタ聖堂と共に四つ星の高級ホテルへと生まれ変わった。塔の内部は一階がバール、上階がセミナー用の会議室へと改装された。

レスタウロ（1983）以前。住宅内部に取り込まれた塔

パリアッツァの塔（6C）

塔の内部。室内に露出するレンガのアーチ

室内に露わとなったレンガのアーチは太くがっしりとしていて、幾星霜を耐え抜いてきた建物らしい迫力をもつ。ごつごつとした壁の前に置かれた、つややかな白大理石のカウンターが空間を引き締める。ホテルのロビーに置かれたガラスケースには、修復時に発掘された中世の陶器が展示されている。断片ではあるが、れっきとした歴史の証だ。

広場に出て、塔を眺める。開口部にはシャープにデザインされた窓枠がはめ込まれ、古い石組みと巧みに調和している。塔内には近代的設備と新たな機能が無理なく収められ、現役の建築として充分に使いこなされている。パリアッツァの塔はあたかも、都市フィレンツェの歴史と文化の生き字引のような存在だ。

コルソ通りの二本の塔

フィレンツェに暮らし始めて間もない頃のある日、語学学校の友人に招かれて、あるカーサ・トッレを訪れた。サンタ・エリザベッタ広場とコルソ通りとの間の角地に建つその塔（口絵参照）は、かつてのドナーティ家の塔（コルソ通り側）とリッチ家の塔（広場側）が一体化したものだ。今日、コルソ通りに面した一階で老舗の靴屋が営業している建物は、ドナーティーリッチ家の塔として知られている。広場に面したリッチ家の塔の屋上には、友人の部屋に続く小さなテラスがあって、目の前のパリアッツァの塔に手が届きそうな、かわいらしい空中庭園が設けられていた。床にも小壁にも、たくさんの植木鉢が並べられ、豊かな緑にあふれている。暗く狭い中世の路地を歩いているときには想像もし得なかった豊かな緑は、建物が密集する歴史的中心地区の一角に生き生きとした彩りを添えている。

ドナーティーリッチ家の塔の隣、コルソ通りに面して建つもう一本の塔は、ギベルティ家の塔だ。塔はもともとアディマーリ家が建てたものだったが、一三世紀半ばにギベルティ家の手に渡った。ブルネッレスキと洗礼堂の扉コンクールで争った彫刻家、ロレンツォ・ギベルティが住んだのもこの塔だった。

塔には一七世紀に至るまで多くの手が加えられ、近隣の無骨な塔とは異なり、パラッツォのような華やかな外観を見せる。今日ではブティックになっている塔の一階正面には、大アーチをもつ入口が設けられた。かつて木造のバッラトーイオが巡っていた入口上部には、鉄製の手すりがまわる小さなバルコニーと共に、櫛形破風を掲げた両開き戸がある。切妻屋根が載る

リッチ家の塔。サンタ・エリザベッタ広場に面した屋上テラス

最上階の白いスタッコ壁には、左右対称のアーチ窓が開口する。

塔の真正面に延びるチェルキ通りからは、すらりとした塔の全体像を見ることができる。力強さの中にも優美さを備えた塔のたたずまいは、気品に満ちたものだ。路地を挟んでコルソ通りに並び立つ二本の塔は、中世の頃と変わらずに、今日も街ゆく人々を見降ろしている。

市内に残る塔

・ダンテの家

コルソ通りに開口する薄暗いアーチをくぐった先には、ロマネスク様式のサンタ・マルゲリータ聖堂がある。この教会は詩人ダンテ・アリギエーリが永遠の恋人、ベアトリーチェに初めて出会った場所といわれている。ベアトリーチェの実家、ポルティナーリ家は市内有数の名家のひとつで、サンタ・マルゲリータ教会は同家の所属教会だった。

聖堂の先にはダンテの家博物館があって、詩人を慕う多くの人々が訪れる。「ダンテの家」とあるが、実はこの建物は彼の生家ではなく、一九一一年に既存の住宅を取り壊して、理想的な中世のカーサ・トッレを再現したものだ。アリギエーリ家の建物は、少し離れたカスターニャの塔の前にあったといわれる。

市内に残る塔の数々

博物館の前には、小さな広場が設けられた。広場からは、博物館の端に組み込まれたジュオキ家の塔がよく見える。頂部を切り落とされ低くなった塔の壁面には、かつて木造のバルコニーを巡らした穴と持送りがきれいに並ぶ。塔の足下には今日も、石工が戯れに敷石へ刻んだダンテの横顔を探す人々が集っている。

・カスターニャの塔

ダンテの家の傍らには、背の高いカスターニャの塔が建つ。一〇八三年に建てられた塔は、バルジェッロが建設されるまで、各組合の代表であるプリオーリたちが集まって会議を開く場だった。当時、投票には栗（カスターニャ）を使ったことから、塔にはこの名がついたといわれる。グエルフィとギベリーニの抗争が続いた一三世紀半ばも、塔は超党派の場所だったために壊されることなく、建設当初の高さを保つことができた。

塔は一九二一年に修復された後、一階と二階がイタリア統一博物館となった。薄暗い内部には色あせた写真や黄ばんだ勲章、鈍く光るサーベルなど、ガリバルディ将軍ゆかりの品々が陳列されている。暗く狭い塔内を、きしむ木製階段で上に登れば、中世の昔がとても身近に感じられる。

カスターニャの塔（11C）

・アミデーイ家の塔

メルカート・ヌォーヴォ前からポンテ・ヴェッキオに向かうポル・サンタ・マリア通りにも、幾本かの塔が残されている。壁面に番犬のような二頭のライオン像があることから「ライオンの塔」とも呼ばれる建物は、アミデーイ家の塔だ。ここはギベリーニ派の中心として、ブオンデルモンティ家と激しく争った同家の本拠地である。正面には、高い二重の尖塔アーチが並ぶ。当初、塔はもっと高かったのだが、先の法律によって数階分を削り取られている。

周辺の一帯は第二次大戦の被害が大きく、アミデーイ家の塔も半壊状態だったが、戦後まもなく周囲の建物とともに修復された。上部の窓は、やけに左右対称に整いすぎた感があるが、これは戦前の写真に見られるように、一九世紀に行われた復元によって得られた姿を引き継いでいる。

アミデーイ家の塔（戦前の写真より）

外壁に張り付いたライオンの像

・ボルゴ・サン・ヤコポ通りの塔

ポンテ・ヴェッキオを渡った対岸のボルゴ・サン・ヤコポ通りでは、個性あふれる塔に出会える。まずは橋のたもと、通りの始点にはロッシーチェルキ家の塔が建つ。ヴァザーリ回廊の斜向かいに建つ塔は、マンネッリ家の塔と並んでポンテ・ヴェッキオの防衛線を形づくっていた塔のひとつだ。足下にある壁龕には、ジャンボローニャ作のバッカス像が立っている。洒落たブティックのショーウィンドウを眺めながら西へ進むと、壁面全体が緑のツタに覆われたベルフレデッリ家の塔が現れる。壁面をはう緑は前庭の木々と連続して、街中に突如、森のような光景をつくる。背後には背中合わせにラマリアンティ家の塔が建つ。この先にはテラコッタ製の「受胎告知」を壁面に掲げたマルシーリ家の塔がある。一般にいかつい塔が多い中、この塔は繊細な装飾と相まって、優しげで女性的な雰囲気を漂わせる。

緑のツタに覆われたベルフレデッリ家の塔（12C）

通りの終点近くには、通り名の由縁となったサン・ヤコポ・ソプラルノ聖堂（一二世紀）が建つ。聖堂の前面にはポリクロミアが美しいロマネスク様式のポルティコが残るが、これは市外にあった旧サン・ドナート・イン・スコペート聖堂のものを移築（一五七五）したものだ。この聖堂には、かつてブルネッレスキが大聖堂のクーポラ建設の試作として、仮枠を設けずに完成させたリドルフィ家の礼拝堂があった。しかし、この礼拝堂は残念ながら、一八世紀に聖堂がバロック様式に改装された際に取り壊されてしまった。

アルベルティ家の塔

中世フィレンツェ屈指の大貴族、アルベルティ家もまた、美しい塔を所有していた。グラツィエ橋のたもとからベンチ通りをサンタ・クローチェ聖堂方面に歩いていくと、右手の三角形をした街区の角地に、同家の塔が堂々たる姿を現す。塔の正面中央には、十字の鎖をあしらったアルベルティ家の紋章が掲げられている。最上階に開口する小さな半円アーチの窓は、ファサードのほどよいアクセントになっている。

塔の前には、二本の石柱で支えられた瓦屋根のロッジア（一五世紀）があり、柱頭には家紋の鎖があしらわれている。屋根の上に突き出すバルコニーは、後の時代に付け加えられたものだ。

テラコッタ装飾を掲げたマルシーリ家の塔（12C）

サン・ヤコポ・ソプラルノ聖堂のポルティコ（16Cに移築）

一九世紀半ばに同家の血筋が絶えた後、塔は幾人かの手を渡り歩いた。今では一階がレストラン、二階以上はオフィスや住宅に使われている。レストランの高い天井を見上げれば、頭上には漆喰で覆われた交差ヴォールトが架かる。簡素な中にも品格と力強さをもつ塔の姿には、一族を守り抜いた貫禄が表れている。

角地に建つアルベルティ家の塔

塔の正面に設けられたロッジア

カーサ・トッレに住む

フィレンツェ市内の設計事務所に勤務していた頃、私は「ボッカ・ディ・フォルノ」（かまどの口）という愛称をもつカーサ・トッレの一室に住んでいた。シニョリーア広場にほど近い、一三世紀に建てられたデッラ・ベッラ家の塔だ。終日賑わうカルツァイウォーリ通りから一本入ったタヴォリーニ通りに面する塔は、あだ名の出所となった扁平なアーチを街路に向けて大きく開口している。

デッラ・ベッラ家の塔（13C）

塔内の階段室

すれ違うのもやっとの狭く急な階段を四階まで登ると、全体で五〇平方メートルほどの、こぢんまりとしたアパートメントにたどり着く。古びた木製のドアを開けると、まず目を奪われるのが交差ヴォールトの天井だ。レンガむき出しのヴォールトの中央には、ランプを引っかけていた鉄のフックが残る。現在は居間として使われているこの部屋は、他の階が全て木造の床組であることから察するに、塔が現役の時代には重要な場所だったに違いない。

塔は背後で、別の建物と連続している。建物間のつなぎ目には階段二段分の高低差があり、廊下の壁面には塔の石組みの一部が表れている。奥にはミニキッチン、浴室と寝室が続く。二つの小さな共同中庭に面した寝室は、大梁も露わな高い天井をもつ。天井高を活かして、浴室の上には小さなロフトが設けられている。昔の暖炉がそのまま残る部屋は、塔内の居間とは全く異なる趣を見せる。

普段の生活はイタリア式に習い、午前中の仕事を終えると、昼食をとりに一度家へ帰る。職場は自宅から歩いてほんの五分ほどの距離だ。帰りがてらに買物をすませ、昼食の後は少し昼寝。これがよい気分転換になって、午後の仕事もはかどった。

もう一五年近くも前の話なので、今ではさすがのイタリア人も、こんな悠長な仕事ぶりではないかもしれない。

休みの日、通りに面した窓を開けると、隣家の向こうにカスターニャの塔が顔を覗かせているのが見える。窓辺に置いた鉢植えのバジリコに水をやり、ソファーに座ってくつろげば、馬車が鳴らす蹄の音、オルサンミケーレの鐘の音、雑踏の気配が部屋の中に流れ込んでくる。ぼんやりと天井を眺める。古びたレンガが描くゆるやかな曲線が、漆喰で真っ白く塗られた部屋をふんわりと覆っている。窓から差し込む斜めからの光を受けて、レンガの凹凸一つひとつが浮きだし、細めの目地の間に小さな陰影をつくっている。八〇〇年という長い歳月がつまったカーサ・トッレで過ごした日々は、まるで昨日のことのように鮮明に脳裏に焼きついている。

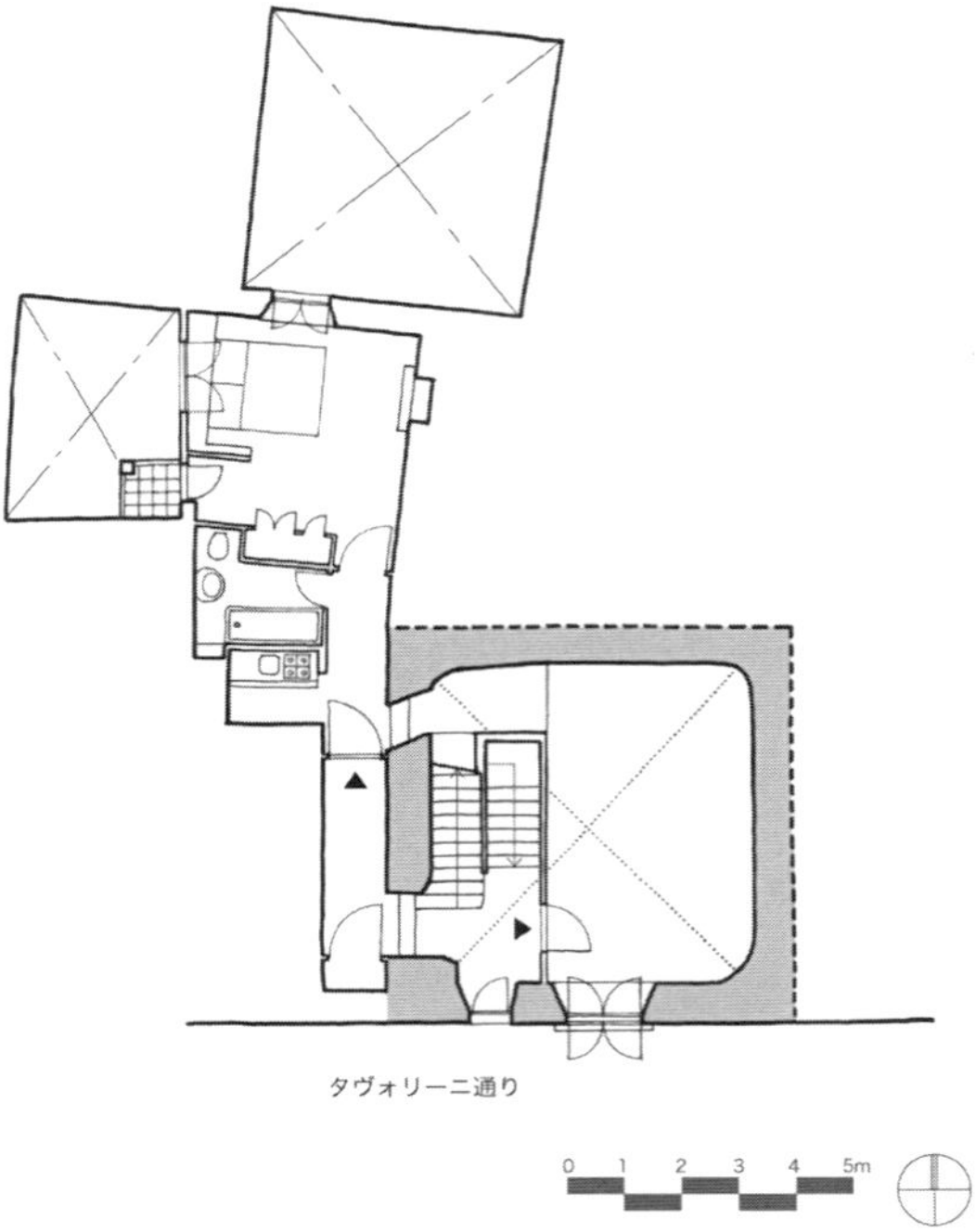

デッラ・ベッラ家の塔　4階平面図

Soggiorno: vista della volta a crociera dei mattoni del XIII sec.

ヴォールト天井がおおう居間のスケッチ

番外編：サン・ジミニャーノの双子の塔

最後に、本章の冒頭でも触れた中世の塔の街として有名なサン・ジミニャーノの中でも、群を抜いて美しい双子の塔を紹介しよう。私は幸運にも研究室のゼミ生と共に塔内に滞在しながら、建物の調査を行う機会に恵まれた。デッラ・ベッラ家の塔と同様、生活の実体験を交えながら、まさに究極のカーサ・トッレについて語っていきたい。

サン・ジミニャーノは、中世イタリアの主要街道であったフランチージェナ街道の宿場街として発展した。交通および軍事上の要所であるため、この街はフィレンツェとシエナの間でたびたび争奪の的になったが、最終的には一四世紀にフィレンツェの支配下に入る。小高い丘の上にひしめく塔は、最盛期には七二本を数えたというが、現在ではその内、一五本が残る。特産品であるヴェルナッチャ種のさわやかな白ワインは、かのミケランジェロも好んだという。

街の中心部、ドゥオーモの脇に広がるエルベ広場には、白い二本の柱のようなサルヴッチ家の双子の塔がすっくと並び立つ。築約八六〇年になる市内最古の塔は、今は亡きニューヨークのツインタワー、ワールド・トレード・センターのモデルにもなった。

塔は、有力貴族のサルヴッチ家が一一五一年にマンジェリ家から購入したものだ。高さは高い方の塔で、建物前面のエルベ広場から三四・五メートル、メインストリートのサン・マッテオ通りからは三八メートルある。中世の時代、市庁舎の塔（五四メートル）よりも高い塔の建設は法律によって禁止されていたが、サルヴッチ家は「二本の塔を合わせれば、優に市庁舎の塔の高さを越える」と誇らしげに豪語したという。

塔は戦後、長らく廃墟のままであったが、現所有者が一九八九年に購入し、市内に住む友人の建築家にレスタウロを依頼した。購入直後の塔は荒れ果て、吹抜けの内部には崩れた木造階段が残るのみだった。建物は重要な歴史的文化財であるが、構造補強を兼ねた計画が評価され、住宅としての再生が特別に認可された。これにより、サルヴッチ家の塔は市内で唯一、内部に人が住まう塔となったのである。ちなみに双子の片割れ、低いほうの塔も他の所有者によって再生されたが、こちらの塔内はさらに狭いため、屋上に上がるエレベータと階段が設置されたのみだ。

郊外でアグリトゥーリズモ（農家民宿。詳しくは第9章を参照）を経営されるご主人に、塔を購入した動機を尋ねたところ、価値の高い歴史的建造物に住みたかった、市内の別邸として家族や友人たちとの楽しみの場をもちたかった、とのこと。自身で使わない時にはレジデンツァ（中・短期滞在用の家具付きアパート）として客を泊まらせ、中世の塔に丸ごと住まうというまたとない体験を提供している。

レスタウロ（一九九〇〜九二）にあたり外観の変更はいっさい禁止されたが、建設当初にあった屋上テラスはその復元が認められた。切石積みの内部に砕石混じりのモルタルを充填した壁は、基部で平均二・三メートルもの厚みをもつ。石材は粘土質の石灰泥岩で、陽光を浴びると淡いピンク色に光る。塔の空間は、既存の開口部を手がかりとして一一の層に分けられた。各階は幅六〇センチほどのらせん階段で結ばれている。床は鉄骨でしっかりと組まれており、これが同時に建物の構造補強として機能している。

サルヴッチ家の双子の塔（12C）

塔内の各室は平面図に見るとおり、二メートル以上の分厚い壁に囲まれている。延床面積七五平方メートルほどの塔状住宅は、階段の踊場がちょっと広くなった程度の床が積み重なっているようなものだ。移動は、らせん階段をひたすら上り下りする。全体の構成は、大きな窓がある位置に、まずは居間と寝室の主要な二室を配置し、他の部屋は適宜、通風口の位置に合わせて設けられた。各階は、昔懐かしい黒電話型のインターホンでやりとりする。

この家に冷房は無い。私が滞在したのは九月初旬で、まだかなり暑かったが、分厚い壁に遮られて熱気は侵入せず、室内は常に快適だった。暖房は壁面各所に温水ラジエータが配されている。

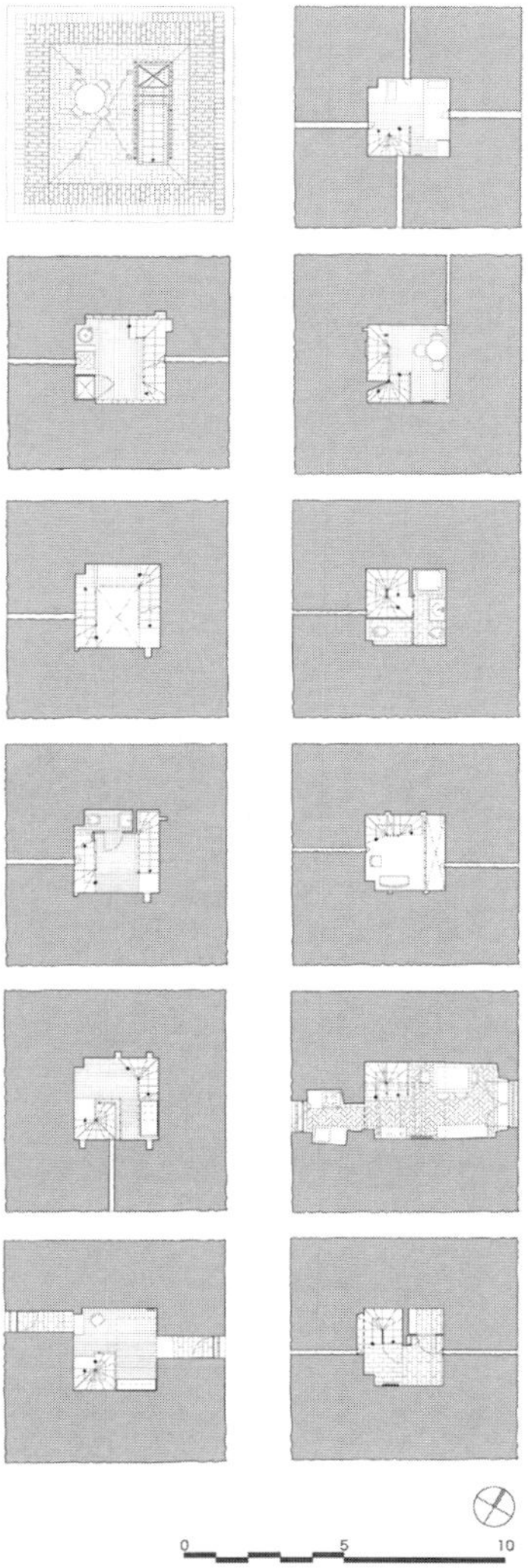

サルヴッチ家の塔　平面図

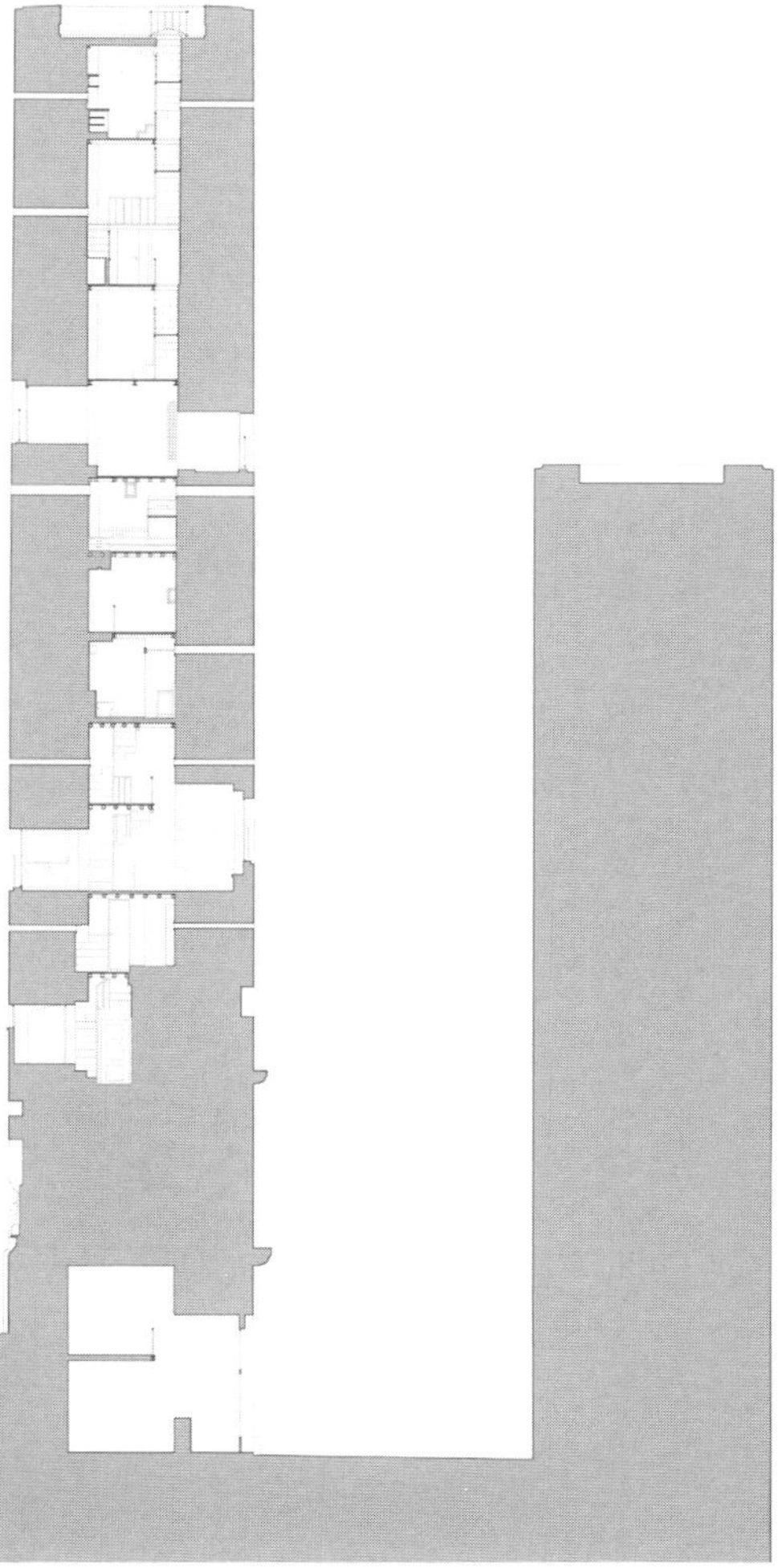

断面図

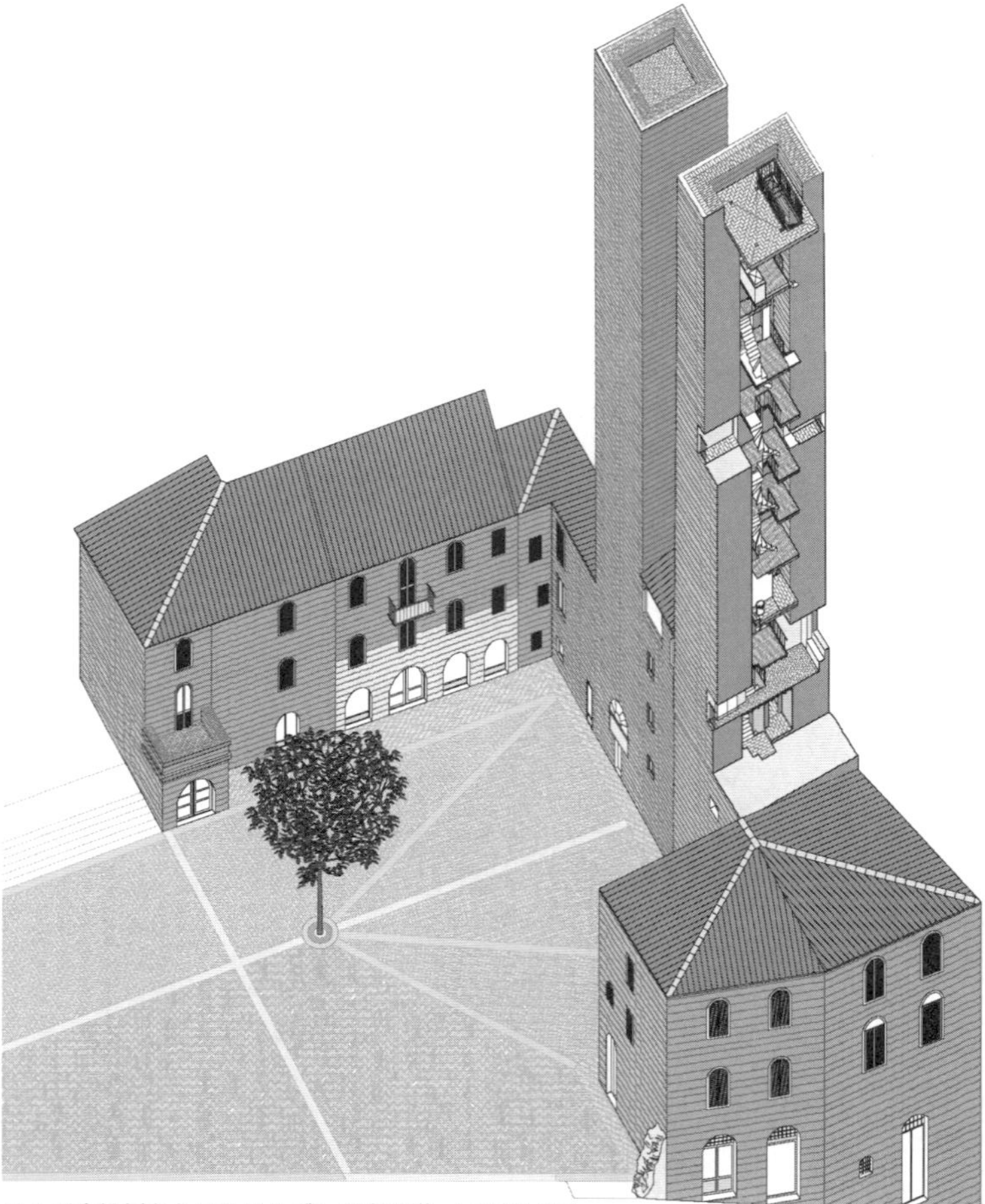

エルベ広場側から見たサルヴッチ家の塔　アクソメ図

石の壁は暖まりにくく、冷めにくい。ある程度暖まってしまえば、快適な温度を維持するのは容易である。中世のカーサ・トッレは、環境に優しいエコ住宅なのだ。

エルベ広場から数えて三階にリビング・ダイニングがある。面積は限られているものの、二層吹抜けの居間は、この住宅内で最もゆったりとした空間だ。サン・マッテオ通りに開く大きな窓は、封鎖されていたアーチを復元している。広場側のミニキッチンは、シンクも天板も建物と同じ石灰泥岩の一枚岩から削りだしたものだ。一層上がったロフトからは、居間を見降ろすことができる。

浴室は四階にある。窓はなく、石の壁で囲まれている。シャワーのしぶきが壁面を濡らすと、石の色が暗く変わり、それまで見えなかった赤みや孔が見えてくる。しかし乾いた空気にさらされると、見る見るうちに元の明るいグレーへと戻っていく様が面白い。

六階に子供部屋、七階に夫婦の寝室がある。子供部屋は狭い空間を巧みに使い、ベッドふたつと収納を確保している。部屋には一〇センチ角ほどの通気口が四面に開口している。厚いガラスがはまった真鍮のハッチを開けると、ごうごうと風が吹き込んでくる。覗き込んでみると、石のトンネルの向こうに青い空が見える。一度、うっかりふたつの窓をいっぺんに開けて

夫婦寝室（7階）

居間（3階）

しまったところ、風が塔内を駆け抜け、嵐のようなすごい勢いで上昇していった。その後は、部屋中に散らばった枯葉やハトの羽根の掃除に追われる羽目となってしまった。

夫婦の寝室は既存の窓をふたつ備えた、とても明るい部屋だ。窓の上部には、大きなまぐさ石がはまっている。見晴らしのよい窓辺では、壁の厚みを実感できる。各階に置かれたアンティーク家具は改修工事の際、この縦長の窓からクレーンで搬入された。ベッドのデザインは、限られた空間をうまく使うために一工夫してある。日中見える面には、友人の画家が金箔地に人物像を描いた。夜、絵を手前に引き降ろせば、背面に隠されていたダブルベッドが現れる仕掛けだ。

最上階にあたる一一階は、部屋全体が設備の整った台所になっている。屋上への階段上部から入る光で、窓がなくても充分に明るい。最上階に台所をもってきたのは、もちろん屋上で食事やパーティを楽しむためだ。

電動の折りたたみ式ハッチを開けると、屋上テラスへの道が開ける。テラスに立てば三六〇度、サン・ジミニャーノの街と周囲の田園風景のパノラマに圧倒される。目の前にはドゥオーモと、街で一番高い市庁舎の塔が建つ。足下のエルベ広場には市場の屋台のテントが並び、行き交う人々が米粒のように小さく見える。尾根沿いに発展した街並みは細長く延び、市壁の向こうにはなだらかに起伏する農地がどこまでも続く。青い空を見上げていると、体ごと吸い込まれていくかのようだ。なぜ中世の貴族が競って高い塔を建てたがったのか、その気持ちがよくわかったような気がした。

屋上テラス。右は市庁舎の塔

第6章

ルネサンスのパラッツォ

塔からパラッツォへ

中世の時代、貴族や有力一族は高くそびえる塔を中心に血縁関係でまとまり、抗争に備えて要塞のようなカーサ・トッレに住んでいた。一三世紀末の繁栄の時代になると市内の政治状況も安定を見せ、貴族の住まいは次第に美しさと居住空間を重視した建築へと変化していく。ルネサンス期に高度に洗練されたフィレンツェ風のパラッツォは邸宅建築の規範となり、イタリア中に、さらにはヨーロッパ各地へと広まっていった。

今日の都市景観においても、パラッツォが占める比重は大きい。市内の主要なパラッツォは美術館や博物館、官邸や役所、学校などの公共建築として使われているが、貴族の子孫が代々住まうパラッツォも少なくない。個人所有のパラッツォの中には、分割所有が進んで集合住宅のようになったものもあれば、中心街に位置する地の利と規模、格式を活かしてホテルや企業・銀行などのオフィスとして使われているものもある。最近ではレジデンツァに加えて、B&B（ベッド&ブレックファースト）と呼ばれる簡易ホテル（ペンション）として改装され、短期間の滞在でも気軽に生活体験が味わえるパラッツォも現れてきた。

本章では、始めにパラッツォの建築的な特徴を紹介した後、住空間として生き続ける事例を中心に紹介していこう。

パラッツォの建築的特徴

「パラッツォ」は、英語のパレスやフランス語のパレと同じく、ラテン語のパラティウムを語源とする。古代ローマの時代、パラティーノの丘に建つ皇帝の宮殿を意味する言葉は後に、大規模な邸宅一般を表すようになった。ルネサンス期に発展したフィレンツェのパラッツォは、次に挙げるような特徴をもつ。

①三層の空間構成

パラッツォの外観は、水平に延びるストリング・コースによって三層に区切られる。軒先には大きなコーニスが設けられ、三段重ねの構成を締めくくるとともに、建物の水平性を強調した。外観と同じく内部も三層構成になっており、広場や通りに面した地上階は店舗や倉庫、工房など、商業・生産活動に関連した機能が置かれた。二、三階が住まいとして使われたが、特に二階は「ピアノ・ノービレ」（高貴な階）と呼ばれ、館の主の居住空間や豪華なサロンが設けられた。

② 変化する外壁の仕上げ

外観の三層構成は、下の階では粗く、上の階に行くに従って滑らかになる仕上げの変化によっても表現された。パラッツォ・ヴェッキオを筆頭に、初期のパラッツォに多用されたルスティカ（粗面の石積み仕上げ）は、カーサ・トッレの特徴を引き継ぐものだ。

③ ビフォーラ（二連窓）・トリフォーラ（三連窓）の使用

小規模な半円アーチを複数組み合わせた窓は、もともと聖堂や修道院など宗教建築で使われていたモティーフだったが、後に世俗建築にも使われるようになった。細やかな彫刻が施された窓は、パラッツォのファサードを構成する重要な要素のひとつとなっている。

パラッツォ・ゴンディ。三層構成のファサード（G.ダ・サンガッロ、1490）

パラッツォ・パッツィ。壁面に並ぶビフォーラ（G.ダ・マイアーノ、1469）

パラッツォ・ストロッツィ。中庭（B.ダ・マイアーノ、1489）

④中庭を囲むロの字型の空間構成

パラッツォの中庭は、古代ローマのドムス（邸宅）に設けられていたアトリウムやペリスタイルと呼ばれる中庭空間を再現するものだ。円柱とアーチによって囲い取られた屋外空間は、平面構成の基準となった。外の喧噪とは無縁の中庭は、邸内への通風・採光といった機能を満たすだけでなく、来客をもてなす応接間であり、住人の憩いの場所であった。

⑤前面広場の設置

ロレンツォ・メディチが定めた「私邸を新築した場合、四〇年間税金を免除する」という法律は、パラッツォの建築ブームを呼ぶ。パラッツォの豪華さを最大限に引き立て、威厳あるファサードがよく見えるように、建物の前には庶民の住宅群を取り壊して広場やロッジアが設けられ、透視画法的な効果が演出された。ルネサンス期の街並みは公共の財政にいっさい頼らず、こうした民間のパラッツォ建設によって整備されていったのだった。

パラッツォ・ダヴァンツァーティ

中央郵便局の後ろに位置するダヴァンツァーティ広場には、角地に建つフォレージ家のカーサ・トッレをはじめ、いかめしい中世の塔が並ぶ。広場の南端を横切るポルタ・ロッサ通りには、モナルディ家の塔を取り込んだパラッツォ・バルトリーニ（一五〇〇）が建つ。パラッツォは今日、通りと同名の格式ある高級ホテルになっている。

広場を見降ろすパラッツォ・ダヴァンツァーティは、カーサ・トッレから移り変わる初期のパラッツォの姿を今に伝える最良の事例だ。建物は一階に大アーチの入口三つを連ね、その上に三層の半円アーチ窓が重なる。高い垂直性をもつ建物には、カーサ・トッレの影響が強く残る。

一四世紀、裕福な毛織物商人でカリマーラ組合の重鎮だったダヴィッツィ家が建てたパラッツォは、一五七八年に銀行家ベルナルド・ダヴァンツァーティによって買い取られる。ファサード中央には、同家の巨大な紋章が掲げられた。最上階には既存の矢狭間を廃して、ロッジアが増築された。切石積みの深い目地は、上階に行くに従って壁面へなめらかに溶け込む。窓下に並ぶ鉄の棒は、染色した糸や布を干すための設備であった。祭りの際、棒にはカーテンやタピストリが掛けられ、建物を華やかに彩ったという。

一八三八年に当主のカルロがロッジアから投身自殺した後に同家は衰退し、パラッツォは売りに出される。一九〇四年に新たな所有者となったエリーア・ヴォルピは、パラッツォを当初の姿に復元することに情熱を燃やした。しかし、莫大な費用は彼を経済的に圧迫し、最終的にはパラッツォを売却せざるを得なかった。

最終的にパラッツォは国に買い取られ、一九五六年より「フィレンツェ中世住宅博物館」として公開される。博物館は修復のために長らく閉館していたが、ようやく一般公開が再開された。

パラッツォ・ダヴァンツァーティ（14C）

パラッツォの奥に位置する中庭には、ささやかな光が差し込む。その光景はルネサンスのパラッツォのものというよりも、生活に密着した中世の雰囲気を強く残している。中庭には専用の井戸がある。壁面には汲んだ水を上階に運ぶための滑車とつるべ、馬をつないだ金具などが往時のままに残されている。

白黒二色に彩られたアーチをくぐって階段を登り、中庭に面したバッラトーイオを渡って部屋に入る。壁面を覆い尽くす濃密なフレスコ画と天井装飾に圧倒される。室内には一四〜一八世紀の家具や調度品が展示され、当時の生活の様子が再現されている。最も有名な部屋は、二階にあるオウムの間だ。壁一面を覆うタピストリのような装飾文様の上には、色鮮やかな鳥たちが生き生きと描かれている。他にも孔雀の間や、三階の結婚の間も必見の美しさだ。この美しいパラッツォを今日、目にすることができるのは、ひとえに私財を投げ打ってレスタウロを進めた、ヴォルピの多大な功績によるものである。

パラッツォ・ダヴァンツァーティ　中庭。上階へと続く階段

オウムの間（2階）

パラッツォ・メディチ・リッカルディ

メディチ家の館パラッツォ・メディチ（一四四四）は、フィレンツェの邸宅建築のモデルとなった建物だ。当主の老コジモは自邸建設の際、周囲の妬みを買うことを恐れ、派手な外観の建物を望まなかった。彼はブルネッレスキによる設計案を豪華すぎると退け、信頼厚いミケロッツォに建設を任せる。

ラルガ通り（現在のカブール通り）に面したパラッツォの壁面は三層に分かれていて、地上階の粗石積みは上階に行くに従ってなめらかとなる。頂部に大きく突き出したコーニスは、もはや平滑な最上階の壁面に、くっきりとした陰を差し掛ける。

平面構成の基準となる正方形の中庭は、円柱と半円アーチのアーケードに囲まれ、二、三階の窓はファサードと同じデザインとなっている。建物の背後には幾何学的に刈り込まれた花壇が並ぶイタリア式庭園があり、四面を壁で閉じられた中庭に対して、明と暗の対比をつくっている。

邸内にはベノッツォ・ゴッツォリによるフレスコ画「東方三博士の礼拝」が描かれた礼拝堂がある。大人が五人も入ればいっぱいになってしまうくらいの小さな空間には、聖書の話になぞらえたメディチ家の肖像が並ぶ。豪華な内装、貴重な美術品の数々を所蔵するにもかかわらず、質素な石積みの外観でまとめられたパラッツォには、堅実かつ巧妙な商人気質が表れている。

メディチ家は、トスカーナ大公コジモI世の代までこの屋敷に住まう。彼らの住まいがパラッツォ・ピッティに移った後、パラッツォは一六六五年にリッカルディ家へ売却された。同家は北側に七スパン増築し、ラルガ通りに面したファサードを延長する。その結果、中庭を中心とした左右対称の明快な構成は崩れてしまった。

現在トスカーナ県庁が置かれているパラッツォは、建物の一部と中庭・庭園が一般公開されており、

パラッツォ・メディチ・リッカルディ（G.ミケロッツィ、1444）

中庭

礼拝堂も見学が可能だ。ジノリ通り側には貴重な古書を多数収めるリッカルディアーナ図書館の入口がある。一階のギャラリーでは、各種の企画展が催される。フィレンツェ風パラッツォの規範とされた建物は今日、大聖堂からサン・マルコ広場の先へと続くカブール通りが一部、歩行者専用道路となったこともあって、その存在感をより増したように見える。

パラッツォ・ルチェッライ

初期ルネサンスを代表する「万能の人」の一人、レオン・バッティスタ・アルベルティ（一四〇四～七二）が設計したパラッツォ・ルチェッライ（一四四六）は、彼の建築理論に基づく洗練されたファサードで広く知られている。

パラッツォ・ルチェッライ（L.B.アルベルティ、1446）

アルベルティは教皇庁の書記官として各国を歴訪しつつ、芸術論、数学、家庭論、文学論など数多くの論考を記した、多方面に秀でた理論家だった。建築に関しては、古代ローマの建築家ウィトルウィウスが遺した建築書を研究して自身も『建築論』を著し、単純な整数比による幾何学的な秩序に建築の美と調和を見出す、ルネサンス建築の理論面を確立した。

アルベルティは名門ルチェッライ家の要望で、フィレンツェ市内に複数の建物を設計している。同家の所属教会であるサンタ・マリア・ノヴェッラ聖堂のファサード（一五四八～七〇）では、ゴシック様式でつくられた既存の下層部分を取り込み、古代ローマの凱旋門にヒントを得て、シンプルな比例関係をもつ力強い構成へとまとめあげた。半円アーチ上に置かれたエンタブレチュアを支えるコリント式の付柱や、三角破風を持ち上げる四本の付柱の扱いには、パラッツォ・ルチェッライにも共通するルネサンス建築の特徴が盛り込まれている。

パラッツォ・ルチェッライは、アルベルティのデザインをもとに、建築家ベルナルド・ロッセッリーノの協力によって実現した。このパラッツォには、ルチェッライ家の子孫が住み続けている。第4章で紹介した同家のロッジアが建つ広場からは、その美しいファサードを見渡すことができる。

パラッツォ・メディチなどに比べて格段に平滑な壁面は、頂部に大きなコーニスを載せ、付柱とエンタブレチュアによって三層に分割される。ドーリス、イオニア、コリント式と異なる様式の柱頭が順に積み重なった構成は、ローマのコロッセオをモデルとして、ルネサンス建築のファサードに古代の建築オーダーを取り入れた最初の例といわれる。柱と梁の組合せによって建物を支える力の流れを見せる構造的な表現は、今日の目から見ても新鮮だ。各部のプロポーションの調和と均衡を重んじた構成は、建築論に述べられた論理に従ったものである。街路に沿って延びるベンチの背に刻まれた網目模様は、ローマ期の建築工法オプス・レティクラトゥムを模したものだ。古代建築へのオマージュは、緻密なディティールにも宿っている。

レスタウロされた中庭

ポルティコの天井に掲げられた紋章

大気汚染で黒ずみ、材料の劣化が進んでいた建物は、二〇〇六年に終了したレスタウロによって本来の美しい外観を取り戻した。二面をポルティコに囲まれた明るい中庭は、ファサードとは対照的な、質素ですっきりとした白い空間だ。天井に掲げられた紋章の三つの輪はメディチ家の老コジモへの讃辞を、周囲の三本の羽根は信仰、希望、慈愛の三つの徳を示すという。

ファサードと中庭には一見、どこを直したのかわからないほどの繊細かつ緻密なレスタウロが施された。ファサードを形づくる石材の崩れた表面は洗浄の後、欠損部分が慎重に補完された。中庭の痛んだ柱は基礎から手当を行い、ひび割れたヴォールト天井の内部にはカテーナ（鎖）と呼ばれる鋼鉄の棒を通して十分な補強がなされた。状況に応じた適切な介入によって、歴史的建物はその本質を失うことなく、次の世代へと受け継がれていくのだ。

トルナブオーニ通りのパラッツォ

ローマ時代には西側の市壁があったトルナブオーニ通りは、歴史的なパラッツォに本店を構えるフェラガモやグッチをはじめとする高級ブランド店が軒を連ねる。サンタ・トリニタ橋のたもとから始まる、このフィレンツェ随一のショッピング街に居並ぶパラッツォを順に見ていくことにしよう。

・パラッツォ・スピーニ・フェローニ

ローマのカラカラ浴場から運ばれた巨大な円柱が立つサンタ・トリニタ広場には、中世の要塞風の構えを残すパラッツォ・スピーニ・フェローニが建っている。一二八九年に裕福な銀行家ジェーリ・スピーニが建てたパラッツォは建設当時、市内最大の館の座をパラッツォ・ヴェッキオと競った。建物の設計にはアルノルフォ・ディ・カンビオが関わったともいわれる。

櫛の歯状の矢狭間が並ぶ巨大なパラッツォは、一四世紀よりふたつに分割され、スピーニ一族の二家族がそれぞれを所有していた。アルノ川に面した部分は一八世紀までスピーニ家が住んでいたが、広場に面した側は一七世紀半ばに売却される。フェローニ侯爵が一六七四年に広場側を購入した後、一九世紀初めにはパラッツォ全体が同家のものとなった。

パラッツォはしばらくホテルとして使われていたが、一八四六年にはフィレンツェ市に買い取られ、一時は市庁舎として使われた。フィレンツェがイタリア王国の首都だった時代（一八六五〜七一）、伝統の本拠地であるパラッツォ・ヴェッキオが王国政府に接収されたためである。

市庁舎がパラッツォ・ヴェッキオへと戻ると、再び売りに出されたパラッツォは一九三八年、サルバトーレ・フェラガモが

パラッツォ・スピーニ・フェローニ（トルナブオーニ通り側、1289）

サンタ・トリニタ橋側から見た同パラッツォ

購入する。彼はここに自身の本宅と、世界中で愛好される靴ブティックの本店を構えた。一九九五年には建物の地下に私設博物館がつくられ、同店の歩みと共に、腕のよい職人たちの手で丹念につくり上げられた貴重な靴の数々が展示されている。

フェラガモのショーウィンドウは、トルナブオーニ通りの中でもひと際目を引く。歴史的建築の力強さにも引けをとらない、最新のモードで仕立て上げられたディスプレイは、道行く人の目をいつも楽しませてくれる。

・パラッツォ・ストロッツィ

さて、パラッツォ・スピーニ・フェローニを背にトルナブオーニ通りを北へ歩き出すと、右手に巨大なパラッツォが見えてくる。通りに面しては石のベンチが続き、壁面には馬をつなぐ金輪、ドラゴンの姿をしたたいまつ受けが残る建物は、ルネサンス期のパラッツォの代名詞、パラッツォ・ストロッツィだ。ベネデット・ダ・マイアーノにより着手（一四八九）されたパラッツォは、パラッツォ・メディチに始まるルネサンス様式を発展させ、後にクロナカ、バッチョ・ダニョーロらによって完成された（一五三八）。

パラッツォの前面には大きな広場が設けられている。広場から見るピエトラ・フォルテの切石を積んだ三層構成のファサードを含め、この建物は冒頭に挙げたルネサンス様式のパラッツォの特徴に最も良く当てはまる典型例である。

パラッツォ・ストロッツィと前面の広場

パラッツォには、美術史関係のビュッシュー図書館をはじめとして各種学術団体の研究所が入居するほか、二階の美術ギャラリーでは大規模な企画展示が行われている。円柱が取り囲む風格ある中庭は、ギャラリーの催しと連動して巨大な彫刻が設置されるなど、現代アートの展示空間として使われている。近年、アーケードの一角に老舗のバールの支店がオープンしたこともあり、中庭はより魅力的なスポットになった。

ある日、パラッツォの最上階に位置するフィレンツェ大学付属の人文学研究所を訪れる機会を得た。古代ローマ法制史を研究する友人の案内で巡る廊下の表札には、碩学ウンベルト・エーコの名もある。廊下の壁面には、建物頂部を飾る巨大なコーニスの裏側が列状に顔を覗かせる。

パラッツォ・ストロッツィは、東側が広場、北側はストロッツィ通り、西側はトルナブオーニ通りに面している。隣家が迫る南側にはストロッツィ小径と呼ばれる路地があるが、こちらは常に鉄の門で封鎖されている。このため、これまでパラッツォの南面を見る機会はなかったのだが、研究所の会議室がちょうど南側に位置していることを教えられた。おそらく、以前は会議室のほとんどが半屋外の空間だったのだろう。会議室の窓の外には、奥行は狭いものの、建物の幅いっぱいに広がるロッジアがあった。欄干の向こうにはアルノ川対岸のパノラマが広がる。手前には中世の低い家並みが続き、その後には緑あふれる田園風景を望む。この見事な見晴らしこそが、パラッツォ最大の財産なのかもしれない。

・パラッツォ・アンティノーリ

トルナブオーニ通りをさらへ北に進むと、左手にパラッツォ・アンティノーリの優雅なファサードが見えてくる。一四六一年から六九年にかけて、パラッツォはボーニ家の館としてジュリアーノ・ダ・マイアーノによって建設された。一四七五年に売りに出されたパラッツォはマルテッリ家の手を経て一五〇六年、アルノ川の対岸に住んでいたニコロ・アンティノーリのものとなる。

均整のとれたプロポーションをもつパラッツォは、一五世紀後半の邸宅建築の典型とされる。三層構成のパラッツォは、各層共になめらかな石積みで統一されている。一階は、中央に入口アーチと小さな角窓が開口する閉鎖的なつくりだが、歯状装飾のコーニスで分割された上層は六つのアーチ窓が二段に並び、軽快な印象を与えている。

アンティノーリ家が住まうパラッツォは、公爵がトスカーナ地方各地に所有する農園で営むワインづくりの本拠地となっている。トレッビオ通りに面した建物の外壁には、その昔ワインを販売していた愛らしい扉が残されている。枠の下部にVINO（ワイン）の文字が彫られた扉は、かつては市内各所で同様のものが見られたという。

パラッツォ・ストロッツィ最上階。廊下の壁面に現れるコーニスの裏側

南側に眺望が開けるロッジア

パラッツォ・アンティノーリ（G.ダ・マイアーノ、1469）

パラッツォの背後に広がる庭園

ワインの販売に使われていた小扉

入口通廊は透視画法的な効果が計算された、奥行のある眺めをもつ。入口から中庭を経て背後の庭園に至るパラッツォの空間構成には、パラッツォ・メディチからの影響が見られる。鉄格子の門扉を抜けると、右手にはルネサンス様式の中庭が開ける。中庭にはワインボトルと共にトスカーナ各地にある農場の模型が展示されていて、産地の様子を知ることができる。

庭園に面したロッジアは現在オフィスになっており、室内の壁面いっぱいに設けられたショーケースには、農園でつくられる様々な銘柄のワインが展示されている。部屋の片隅には、発送を控えた木箱が山と積まれている。窓の外には庭園の緑が広がる。矢狭間を備えた高い外壁に囲まれた庭園では、壁龕内にビーナスの彫像が立つ小さな泉がうるおいを与えている。

入口脇の門番詰所を改装した小さなレストランでは、数々の銘柄ワインと共にトスカーナの名物料理を楽しめる。この店で食したフィレンツェ名物のトリッパ（イタリア風モツの煮込み）は、今まで食べたどこの店よりも美味だった。

パラッツォ・ニッコリーニに住む老婦人

サンタ・マリア・ノヴェッラ聖堂近くに位置するパラッツォ・ニッコリーニ−ブルボンは、ベルナルド・ブオンタレンティの設計ともいわれるルネサンス後期の邸宅だ。フォッシ通りとスパーダ通りが交差する角には、一八世紀初めにこのパラッツォを購入したブルボン家の紋章が掲げられている。

入口の門を入ったホール正面には、両脇に貝殻のようなスクロールをもつピエトラ・セレーナの階段がある。階段を登った奥に広がる中庭には、小さな噴水とニンフ像が踊る。この中庭は、パラッツォ内にオープンした高級レジデンツァへの専用入口となっている。

ピアノ・ノービレの一角に住まう、ある老婦人のお宅を訪れた。夫人は、私の古くからの友人の母親である。彼女は八〇年代、資金繰りに悩むニッコリーニ侯爵より二階の一部を購入した。その後ブラジルでの農園経営が軌道に乗った侯爵は、かねてから部屋の買取りを打診しているそうだが、夫人は首を縦に振らない。

二〇〇平方メートルをゆうに超えるアパートは、独り暮しの老婦人にはあまりにも広いため、奥の二室を二人の若者に間借している。住宅の間取りは、入口の廊下と明かり取りの小さな共同中庭、サロン、台所、個室三室とリネン室、三つの浴室

パラッツォ・ニッコリーニ-ブルボン。エレガントな入口の階段

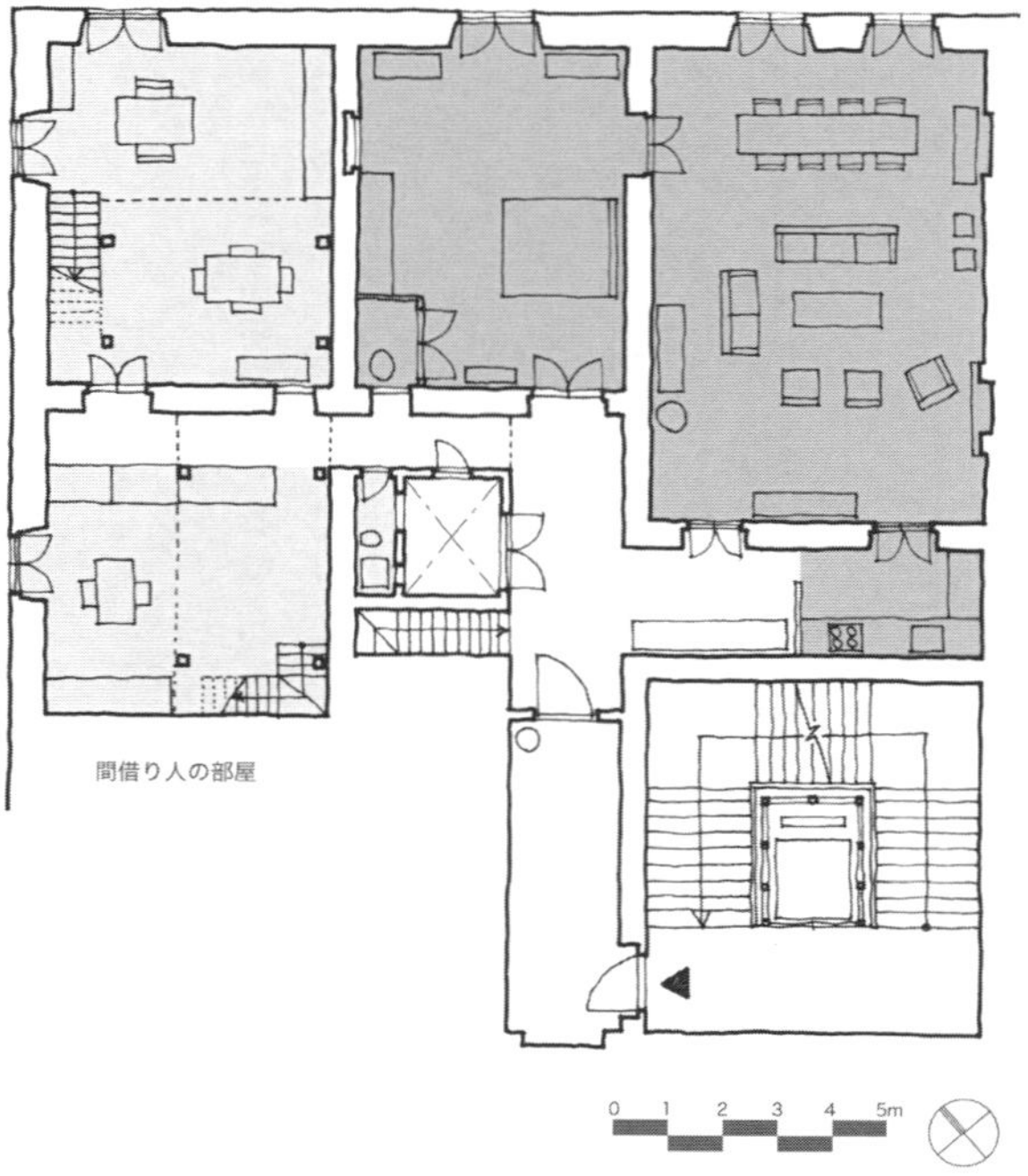

パラッツォ・ニッコリーニ-ブルボン　2階平面図

から構成される。

夫人の生活空間はサロンと寝室、台所と、共同中庭の下に位置する専用浴室から成り立つ。大きなシャンデリアが掛かるサロンは、一八〜九世紀のアンティーク家具や絵画で飾られているが、これらは骨董品好きの夫人が競売で入手されたものだ。寝室の角には、家具を模した小さなトイレブースが設けられている。狭く急な階段をいちいち降りて用を足しに行くのは大変なので、バリアフリーのために設けられた設備だ。ブースは開けてみない限り、置き家具のひとつにしか見えない。

高い天井をもつ間借り人の部屋には、友人自ら工具を握って木造のロフトを設け、寝室コーナーをつくった。このようなロフトによる増床はしばらく法律で禁じられていたのだが、近年再び緩和されたようだ。ちなみにこの家の場合、禁止される

サロンの眺め

直前の滑込みセーフとのこと。

　彼らの部屋には一九世紀の天井画や壁画が残されている。格天井の装飾はパラッツォ建設当時のもので、美術を学んだ娘さんが、各所に残るオリジナルの顔料から同様色を調合して補修した。

　この住まいは、一般市民が歴史的なパラッツォを大切にしながら、手入れを欠かさずに住まい続けている、歴史的都市の豊かな住文化が現れた一例といえるだろう。

パラッツォ・ペピのB&B

サンタ・クローチェ広場から北に抜けるペピ通りには、広場からほど近い位置にペピ家の邸宅が建つ。黄橙色のスタッコに覆われた外壁に、ピエトラ・セレーナの切石積みアーチが並ぶファサードは、ルネサンス後期のパラッツォに多く見られる特徴的なデザインだ。一五世紀初めに建設された建物は、その後一六世紀半ばにかけて、周辺の建物を買い取りつつ徐々に増築されていった。プッチ家、ストロッツィ家といった、そうそうたる名家の後に一六五三年、ペピ家がこのパラッツォを購入し、現在に至る。

　同家の紋章が掲げられた入口をくぐると、通路の向こうには大きなアカシアの木が生えた中庭が開けている。中庭に一歩足を踏み入れれば、壁面いっぱいに描かれた細密な壁画に目が釘付けとなる。

パラッツォ・ペピ。中庭の壁面を埋めつくすグラッフィート

このグラッフィート（掻き絵）と呼ばれる壁画は、一五～一六世紀の建築装飾に多用されたものだ。描き方は、まず下地に暗い色を付けた漆喰を塗り、さらに表層に白い漆喰を盛る。上層をナイフや鉄筆で掻き取ると、下層の濃い色が現れる。この原理を駆使して、画家は線画で描いた像の周囲をはぎ取ったり、ハッチングで陰影を付けたり、色を使って加筆したりするのだ。シャープな線の描写に優れたこの技法を使って、パラッツォの壁面にはモノトーンのグロテスク文様や、色鮮やかな所有者の紋章が描かれた。他の例としては、マッジョ通りのビアンカ・カッペッロが住んだパラッツォ、またボルゴ・デリ・アルビツィ通りにはヴァザーリが図案を手がけたパラッツォ・ラミレッツがある。

ペピ家はキプロス島の出身で、その名はかつてフィレンツェに胡椒（ぺペ）を輸入していたことに由来するという。一階は店舗や事務所として使われ、二階はミラノに住む親戚が所有する。三階に住むペピ家はB&Bとレジデンツァを経営されている。私は二〇〇九年の秋、研究室のゼミ生と、この素晴らしいルネサンスの館にお世話になり、彼らの住まいも特別に拝見させていただくことができた。

白壁に品よくなじむピエトラ・セレーナの階段を最上階まで登り切ると、ペピ家の住まいとB&Bへの共通の入口がある。年代物の扉を開けると小さなホールがあって、ここから

グラッフィートで飾られたビアンカ・カッペッロのパラッツォ（1570）

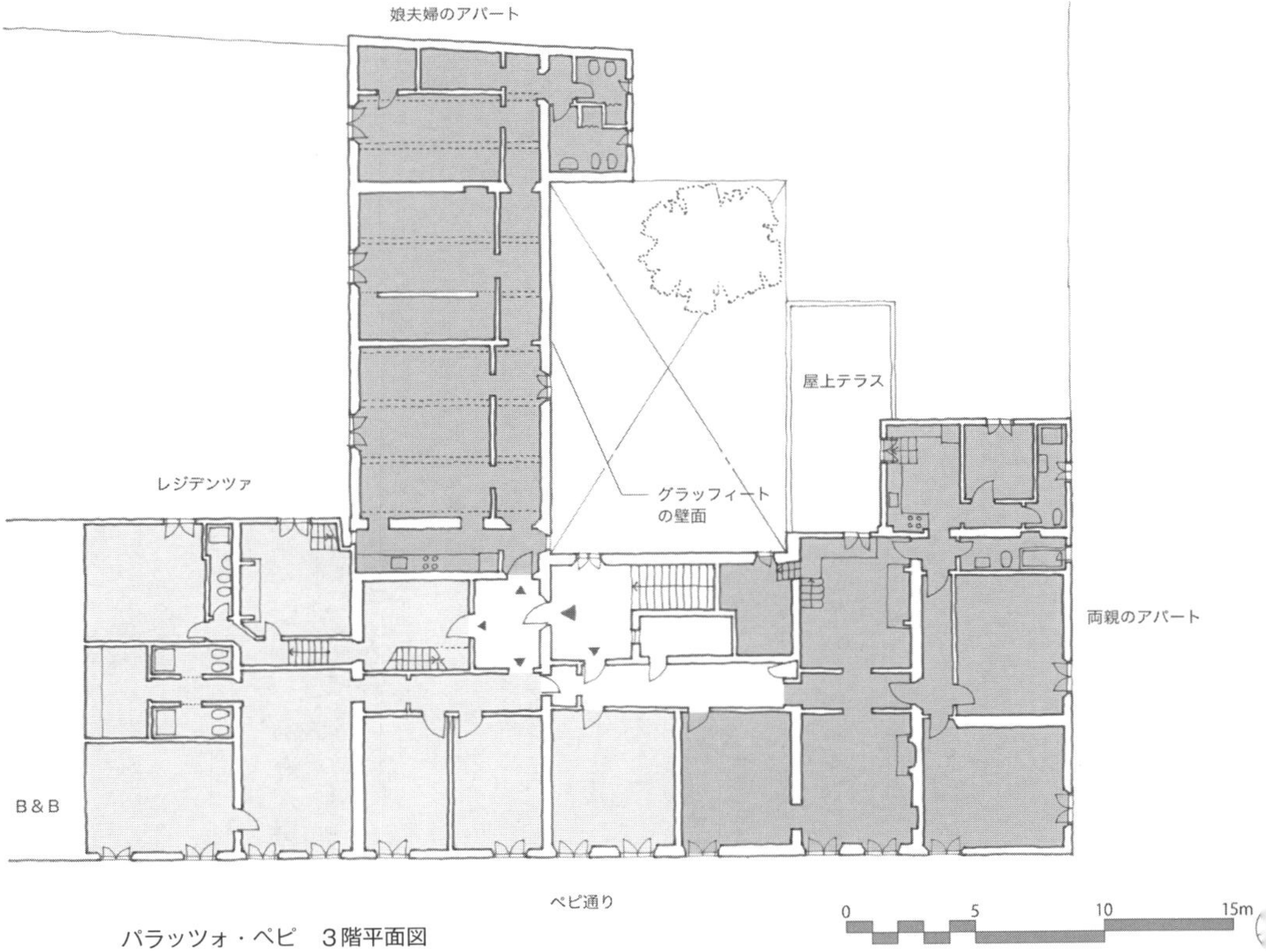

パラッツォ・ペピ　3階平面図

フロアは親子二世帯の住宅とレジデンツァの三軒に分かれる。壁には樹木になぞらえた家系図が掛かり、由緒ある一族の歴史を物語っている。

最も面積を占める親世帯の約半分がB&Bに改装されている。宿泊客用の領域は共用のサロン、客室が四室、共用の浴室二ヶ所からなる。天井に残るフレスコ画や代々伝わるアンティーク家具など、既存の要素を活かしつつ、シックに改装された居心地のよい宿だ。明るい朝日が差し込むサロン（口絵参照）では、娘さん手づくりの朝食をいただくことができる。

B&Bの反対側、ペピ家の紋章が刻まれた扉の向こうには、夫妻のプライベートな住まいが広がる。古くて大きな暖炉があるサロンでは、ご主人がパイプをくゆらせながら新聞を読んでいる。暖炉脇の小さな階段を上がった所にある屋根裏部屋の書斎は、松丸太の梁が頭上に迫る。

屋上テラス（口絵参照）には、さんさんと陽光が降り注ぐ。植木鉢の緑に囲まれる広々としたテラスに出れば、手すり越しにグラッフィートの壁画が見える。「ここで過ごす夏の夜のひとときは、本当に素晴らしいのよ」と夫人がおっしゃっていたのもうなずける。

旧態依然とした老夫婦の住まいとは対照的に、娘夫婦が住む区画はオフホワイトを基調としたモダンなインテリアだ。フローリングは幅広のパイン材、照明は間接照明を多く用いたロフト感覚でまとめられている。玄関を入ると、まっすぐ延びる廊下がある。廊下の幅は奥に行くに従って徐々に狭められ、天井に下がるペンダント照明の列と共に透視画法的な効果を見せる。ギャラリーのような空間は奥様自慢の場所だ。大梁の連なりを見せながら、台所、食堂、サロンが一体の大空間に収められている。寝室のクローゼットを覆う大きな合板の引戸は、夫の手づくりだ。家の奥からは、小学生の娘さんの笑い声が響く。

残る一軒のアパートメントは、独立したレジデンツァとして使われている。風呂やトイレ、台所といった設備はもちろん、食器やリネン類も完備され、トランクひとつで部屋に着けば、すぐにフィレンツェ生活を始められる環境が整っている。

四つのレベルにわたる部屋の構成は、変化に富んでいる。玄関ホールから扉を開けると、まずは高い天井をもつサロンに入る。窓辺には、アンティーク家具が置かれたロフトが設けられている。突当りの階段を登ると、高い勾配天井をもつ寝室があり、部屋の一角を昔ながらの暖炉が占めている。

窓際の階段を登れば、シンプルで使いやすそうなシステムキッチンがある。すぐ脇にある、はしごのような階段を登ると、老夫婦の屋上テラスを見降ろす小さなバルコニーに出る。連なる家並みの向こうにはパラッツォ・ヴェッキオ、大聖堂が並ぶ見事なパノラマが広がっていた。こんな部屋にしばらく住めたら、旅の思い出もより豊かなものとなるに違いない。

歴史的なパラッツォを個人で維持管理し、住み続けていくのは並大抵の苦労ではない。最近では行政の後押しもあって、イタリア各地ではパラッツオ・ペピのような、所有者自身が経営する小規模なB&Bが増えている。それはオーナーにとって、愛着ある貴重な建物を人手に渡すことなく、自宅に住まいながら収入を得るためのひとつの手段であり、客からすれば歴史的・文化的価値の高いパラッツォにフレンドリーに滞在し、至福のひとときを過ごすことができる、またとない機会でもある。貴重なパラッツォ内に続々オープンしつつあるB&Bの数々、これからもぜひ応援していきたい。

娘夫婦のアパートメント

レジデンツァ。寝室の一角を占める暖炉

コラム3

パラッツォ巡り

貴重なパラッツォの多くは個人や法人、公的機関の所有であり、美術館などとして一般公開されているものを除いて内部の見学は難しい。年一回、初夏の頃に催されるTOSCANA ESCLUSIVA（トスカーナ・エスクルシーヴァ）というイベントでは、普段はお目にかかることができない個人邸や修道院の中庭、庭園などを一日限りながら無料公開してくれる。その名の通り、このイベントは郊外のヴィッラや、ピサやシエナなど他都市でも開催されており、各所で開かれるミニ・コンサートも来館者を楽しませてくれる。

フィレンツェの歴史的中心地区では毎回三〇件余りの建物が対象となるが、興味があるものにはあらかじめ目星をつけておく方がよい。毎年公開される庭園もあれば、この機会以外では見られない建物もあり、目が離せない。

さて、これまでに同イベントで訪れたパラッツォをいくつか紹介してみたい。サンティッシマ・アンヌンツィアータ広場とセルヴィ通りの角には、フィレンツェでは珍しい赤レンガの邸宅、パラッツォ・グリフォーニ（一五六〇）が建つ。アンマナーティ作のパラッツォは、広場と通りの二面にファサードをもつ。各面は一層目が粗石積み、二層目にはセルリアーナの装飾的な窓枠が載せられている。

広場側の入口から入ると、右手には見事な庭園が広がる。庭園に面したパラッツォの一階はロッジアになっており、半円アーチが並ぶ開口部はガラスの両開き戸で塞がれている。庭園の一角には、グロッタを背景にしたビーナスの泉がある。広場の雑踏とは無縁の緑豊かな庭は、抜けるような青空のもと、咲き誇るツバキの花に埋めつくされていた。

アルノ川沿いに建つ巨大なパラッツォ・コルシーニ（一七三五）は、ルンガルノの街並みに欠かせない存在だ。最上階の彫像が建ち並ぶ欄干状の屋根飾りと共に、パラッツォにはローマ風のバロック建築のエッセンスが散りばめられている。コジモI世の庶子ジョバンニのために建設されたパラッツォは一七世紀半ば、コルシーニ家の手に渡る。長手方向には長大なファサードが増築され、内部には「ルマカ」（ナメクジ）と呼ばれる長大ならせん階段（一六七九～八一）がつくられた。

ルンガルノに向けて開いた壮大なU字型の中庭は、優雅な手すりがまわる屋上バルコニーを備えた一層の門で閉じられる。ファサードは中庭を挟んで左右対称となる予定だったが、ついに完成しなかった。

中庭から豪華なシャンデリアが掛かるホールを抜けて、らせん階段を登る。ピエトラ・セレーナと白い漆喰の対比は、ルネサンス建築でおなじみのものだ。しかし、その巨大なスケールとダイナミックな上昇感は、間違いなくバロック建築の言語である。果てしなく続くと思われた階段の最上部、円筒状の階段ホールの天井はドーム状になっており、渦巻く階段の先端は最上階の扉を越えて宙に突き出している。その姿は、まさにナメクジの頭を思わせた。

パラッツォ・コルシーニ。「ルマカ」と呼ばれるらせん階段

第7章

フィレンツェの住宅事情

歴史的住宅の形式

中世イタリア都市で最も普及した住宅形式は「スキエラ型住宅」と呼ばれるものだ。スキエラ型住宅は間口四〜六メートルの細長い短冊形の平面で、日本の町屋にも似た構成をもつ。木造の町屋はせいぜい二階建てにとどまったのに対して、石やレンガでつくられる建物は、隣家と構造壁を共有しながら三層、四層と高層化していった。背後の街区内部には空地が確保されており、敷地境界線上に塀を立てて各戸が固有の裏庭をもつ。スキエラ型住宅が街路に面して隙間なく建ち並ぶ光景は、イタリア都市の典型的な街並みを形づくる。

スキエラ型住宅がつくる街並み（サンタ・クローチェ地区）

単スパン（間口を一本の梁で架けたもの）のスキエラ型住宅数軒が組み合わされて、複雑スパンをもつ大規模な建物となったものは、スキエラ型住宅が線（リネア）状に並ぶという意味から「リネア型住宅」と呼ばれる。リネア型住宅には既存の構造壁はそのままで、床の高さや開口部を調整しつつ連結し、内部に共有階段を設けて利便性を高めたもの、また従来のスキエラ型住宅を取り壊して新規に計画・建設されたものとの二種類がある。

スキエラ型住宅、リネア型住宅、そしてパラッツォが、イタリア都市住宅の主役たちだ。建設当初、これらの建物は一棟全体が単一の所有だったと考えられるが、時代が下るにつれて分割され、区分所有が進んだ。階別にとどまらないばかりか、左右上下の家と自在に連結する例も見られ、今日ではもともとの建物の形態にとらわれない複雑な所有形式を見せる。各種の住宅が集合する街区には、通り側の街並みからは想像もつかない、まるでテトリスのように立体的な分割が存在する。

本章では、スキエラ型やリネア型住宅に代表される歴史的都市フィレンツェのカーサ（一般住宅）を紹介していく。計六軒の住まいは、どれも住まい手の趣味やライフスタイルが色濃く反映されているものばかりで、フィレンツェに暮らす人々の日常生活が透けて見えてくる。

スカーラ通りの家

フィレンツェの玄関口、サンタ・マリア・ノヴェッラ中央駅を出ると、駅前広場の向こうに、駅名の由来となったゴシック聖堂の大きな背面が見える。サンタ・マリア・ノヴェッラ教会は街の東側にあるサンタ・クローチェ教会と肩を並べる、フィレンツェを代表する大修道院である。聖堂の向かい側には、最近改修を終えてさっぱりとした広場を挟んで、ブルネッレスキの捨子養育院に影響を受けた、旧サン・パオロ病院のルネサンス様式のポルティコがある。ここには二〇〇六年、歴史的な写真や現代アートを展示するアリナーリ国立写真美術館がオープンした。

サンタ・マリア・ノヴェッラ薬局の内部

ポルティコの前を通るスカーラ通りにはその昔、シエナのサンタ・マリア・デッラ・スカーラ病院の分院があり、市民や巡礼者を治療していた。この通りには、ヨーロッパ最古ともいわれる由緒ある薬局が残る。かつてサンタ・マリア・ノヴェッラ修道院は、修道士たちが各種の薬草からつくった薬や軟膏、芳香剤で有名だった。当時の調合を今なお受け継ぐ商品は、このサンタ・マリア・ノヴェッラ薬局で販売されている。天井のフレスコ画が美しい、格式ある店構えの店内に一歩足を踏み入れると、かぐわしいハーブの香りに全身が包み込まれる。「羊たちの沈黙」のハンニバル・レクター博士もここの常連だったという設定からか、特にアメリカ人観光客に人気が高いようだ。

スカーラ通りに面した、とある一七世紀のスキエラ型住宅の三階に、短期間だが住んでいたアパートメントがある。これは四〇平方メートルほどのワンルーム形式の住宅「モノ・ロカーレ」と呼ばれるタイプで、単身者や学生、

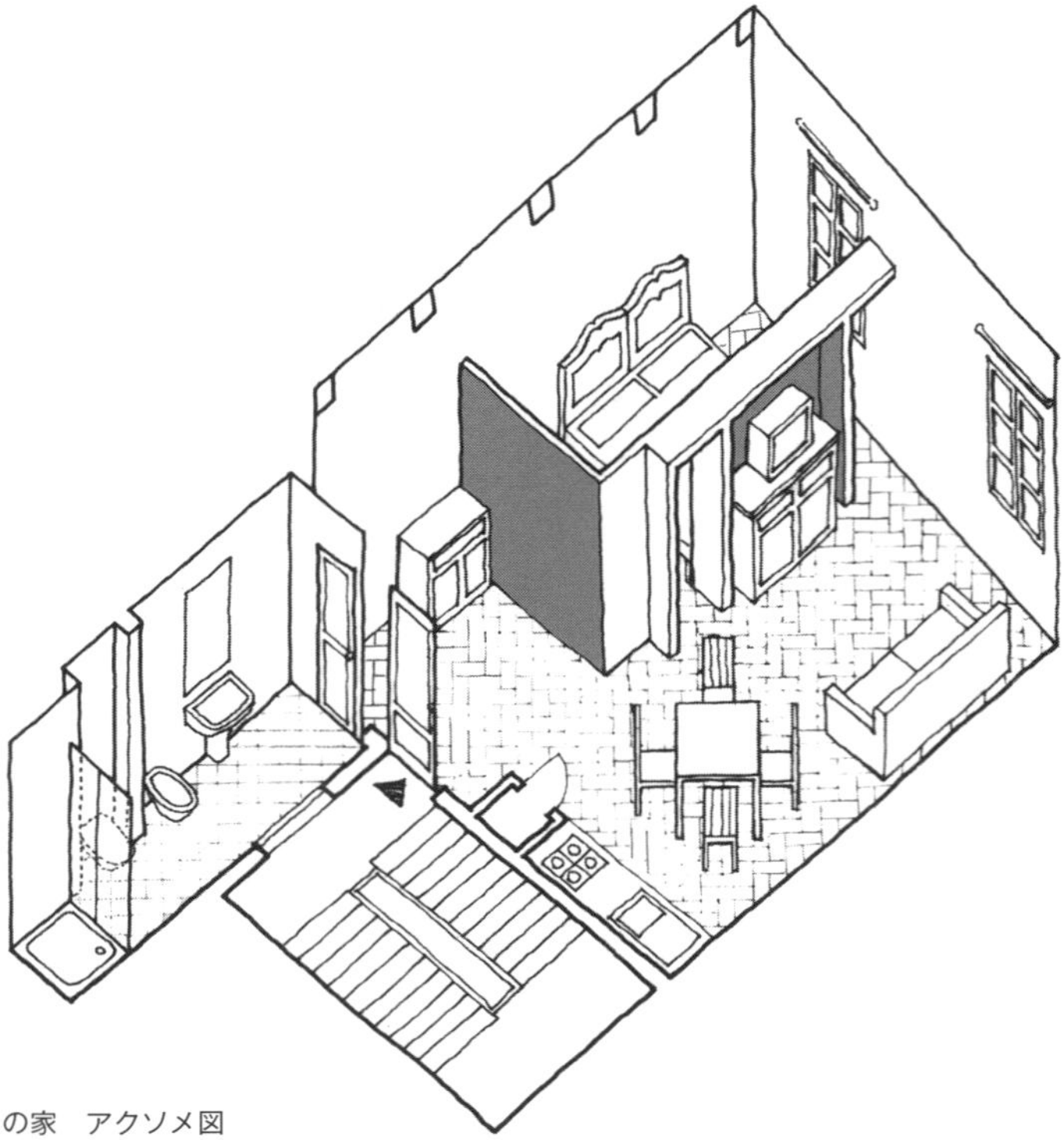

スカーラ通りの家　アクソメ図

古風な梁とモダンなパーティションの対比

スカーラ通りの家外観。スキエラ型住宅の典型例

若いカップル向けの物件だ。

オーナーは電気設備技師で、内装は彼自身が手がけた。壁面は白漆喰で床はレンガタイルという、イタリアではポピュラーな内装である。高さ三・六メートルの天井に露出する松の大梁は、建物の歴史を静かに語る。部屋の一面はシステムキッチンになっていて、全体の約2／3をリビング・ダイニングが占める。窓側の一画は収納を兼ねたパーティションで仕切られ、その裏に寝室コーナーがある。パーティションの高さは二・四メートルと低めで、天井の高い部屋の中に、新たに矩形の箱を挿入したような構成だ。

パーティションは玄関に向いた一面のみ、つややかな赤のスタッコ・ルチドで仕上げられていて、暖色のフロアライトがなめらかな表面に反射している。入口を入ったすぐ脇には洗面台、ビデ、トイレ、シャワーブースが一列に並ぶコンパクトな浴室がある。

部屋の空間構成はシンプルでモダンながら、各所に置かれたアンティーク家具や、クラシックで品のあるカーテンとのやわらかな対比が印象的だ。建築家の作品ではない、ごく一般的なアパートメントだが、歴史的建物ならではの味わいと、新たに手を加えた部分とのバランスと調和に、オーナーのセンスが光る小住宅だった。

ピラストリ通りの家　二題

サンタ・クローチェ地区の外れに、ユダヤ教の教会堂「シナゴーグ」がある。この建物は、メルカート・ヴェッキオの北側にあったゲットー（ユダヤ人街）が一掃された後、その補償として建設されたものだ。一八八二年につくられたイスラム風の緑色のドームは、丘の上から望むフィレンツェのパノラマの中でもかなり目をひく。

周辺のピラストリ通りにはユダヤ関係の店舗が並び、ベジタリアン・レストランや死海の塩を売る店、「メノラー」と呼ばれる燭台が飾られたショーウィンドウなど、なかなか個性的な一角である。近くにはサンタンブロージョ市場や緑ゆたかなダゼリオ広場もあって生活しやすい場所だ。

二〇〇七年の在外研究期間中、ピラストリ通りに面したアパートメントに住むことになった。この建物は一二世紀に起源をもつ細長いスキエラ型住宅が二軒合体してできた、リネア型住宅に分類される。外観は小規模なパラッツォのように見えるが、構造壁の配置や空間構成に、基になった建物の痕跡を読み取ることができる。

中世市壁の内側、歴史的中心地区は、都市計画による規制が最も強い。凍結保存ともいわれるように、歴史的建築物については容積、形態、外観の変更が一切認められていない。窓や扉といった開口部の形や面積、色や材料、意匠についても細かな指導がある。室内の改装に関しては、建物のオリジナルの空間構成を残すことが強く求められている。つまり、現在の生活に必要とされる設備や間仕切りはあくまで一時的なものであり、これまで何百年もの間残されてきた構造壁や当初の部屋割りは、この先もずっと残していくべきだという考え方である。

先のスカーラ通りの家もこのピラストリ通りの家も、こうした規制によって守られている建物である。地上四階、地下に倉庫をもつリネア型住宅は、小さな共同中庭と裏庭を備える。通りに面した木製の重く大きな扉を開けると、玄関ホールがある。中ほどにある鉄製の頑丈な門扉を抜ければ、その奥にはトップライトをもつ階段が上階へと続く。私の住まいは一階の突き当たり、階段の手前に位置する。自宅の扉と合わせると、街路から数えて三段階の関門を経て家にたどり着くわけだ。

所有者の老婦人は、娘さんと共同でアパートメントを管理されている。この部屋は彼女の亡夫が五〇年代に購入したもので、白を基調とした清潔感のある内装は、親戚のインテリア・デザイナーが担当した。基本的な平面構成には全く手を加えず、照明、台所、浴室などの設備のみを新しく交換している。

玄関を入って正面の廊下沿いに進むと、右手に浴室、居間、左手に個室と続き、その奥にダイニング・キッチンと寝室がある、延床面積一〇〇平方メートル強のアパートメントである。浴室には窓がないが、湿気が少ない気候のためか、小さなファンひとつでカビひとつ生えない。

北側に位置するダイニング・キッチンと寝室は、三〇平方メートルほどのテラスに面している。窓が大きく開放的な台所は、機能的なコの字型平面のシステムキッチンだ。テラスの向こう側に広がる裏庭は、バルコニーから庭へと降りる階段をもつ二階の夫人が管理している。我が家からは、格子越しに裏庭の緑を借景として望む。

イタリアでは歴史的中心地区を歩いていても、窓辺に並ぶ植木鉢以外はほとんど緑を見かけない。中世以来の高密な都市空間に、街路樹を植える余裕などないのだ。一方で、一歩市外に出れば豊かな田園地域が広がり、思いきり自然を満喫できる。

都市の内部はすべて人工のもの、それに対して郊外は緑あふれる場と、メリハリがきいている。しかし、いざ住み始めてみると、この裏庭や屋上テラスのように、街の至るところに隠された緑に気づかされる。

レンガタイル敷きのテラスに立てば、隣家の屋根の向こうにシナゴーグのドームがひょっこり頭を覗かせている。花壇にハーブを植えてちょっとした菜園気分を味わったり、友人を招いて歓談したり、たまには青空の下でランチを楽しんだり…。我が家のテラスはフィレンツェでの日々を、より豊かなものにしてくれた。

アパートメントは地上階のため、壁が厚くて断熱性能が高く、また中庭を除けば窓は北側のみのため、強烈な直射日光が室内に差し込むこともなく、年間を通して安定した環境が保たれている。私が滞在した夏は、外気温が三九度にまで昇った記録的な酷暑だったにもかかわらず、室内気温は冷房が無くとも最高で二六度にとどまり、熱帯夜に悩まされることもなく、とても快適に過ごせた。暖房は各室に温水ラジエータが一基と、こちらでは標準的な装備だ。冬も室内温度は安定していて冷込み

北側のテラスに面したダイニング・キッチン

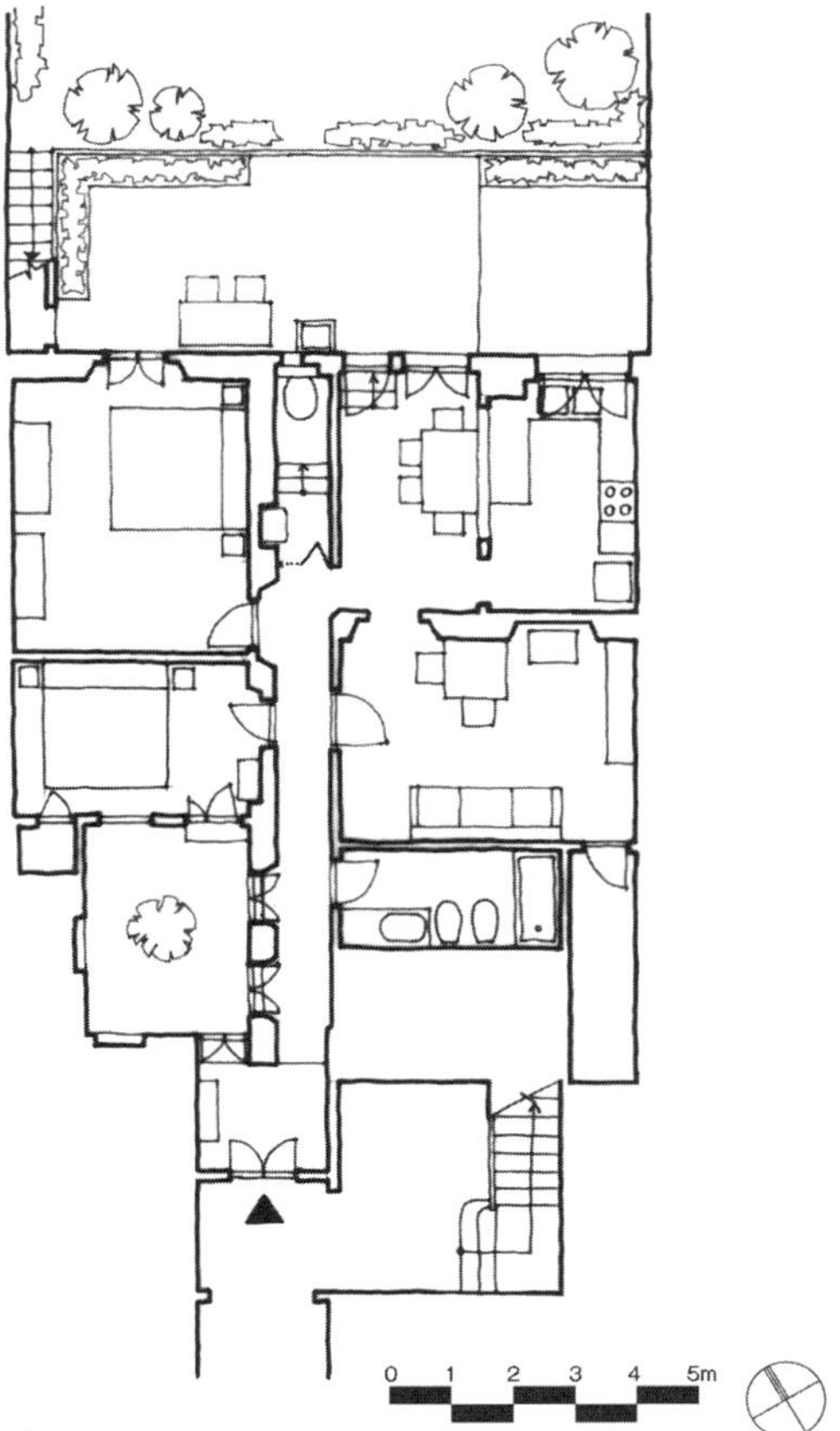

ピラストリ通りの家　1階平面図

テラスから望む裏庭の緑とシナゴーグのクーポラ

も少なく、正に人にも環境にやさしい住宅だった。

この建物は店舗が入らない専用住宅で、小規模な集合住宅にあたる。コンドミニオ（管理組合）は建物を区分所有する九軒で構成され、二階の夫人が理事長として管理運営の代表を務める。管理費は専有面積、階数（上階ほど高い）による従量制だ。保険、清掃、屋根や階段など共用部分のメンテナンスは、専有面積による割合で各戸負担するのは日本と同じだ。年二回の定期会合の他、建物や設備に不具合が生じた際には、修繕方法や費用負担などについて、その都度話合いの場が設けられている。

この家に住むうちに、上階の住人たちと知合いになった。中でも私の娘と同じ幼稚園に通う女の子のご家族とは、特に親しくさせてもらった。娘が頻繁におじゃましていたこともあり、三階にある彼らのお宅を拝見させてもらうことができた。彼らの住まいは私たちの部屋と、どのように異なるのか、興味のあるところだ。

三階は左右二戸に分かれている。通りから裏庭まで続く延床面積九五平方メートルの長細い平面は、ベースとなったスキエラ型住宅の姿を残している。

彼らは娘さんが生まれて、以前住んでいたサンタ・クローチェ聖堂近くのアパートメントが手狭になったため、七年ほど前にこちらに住み替えた。周辺の生活環境に加えて、アンティークな家のつくりと、サロンからの眺めが気に入ったそうだ。

玄関を入ってすぐ左手に、大学で教鞭をとる夫人の書斎がある。この書斎と隣の子供部屋はピラストリ通りに面している。天井には一九世紀のフレスコ画が残り、床のモザイクタイルも木の扉も往時の雰囲気をよく留めている。内装は購入時の状態をそのまま引き継いでいるが、近いうちに自分たちの好みに合わせた改装を予定しているそうだ。

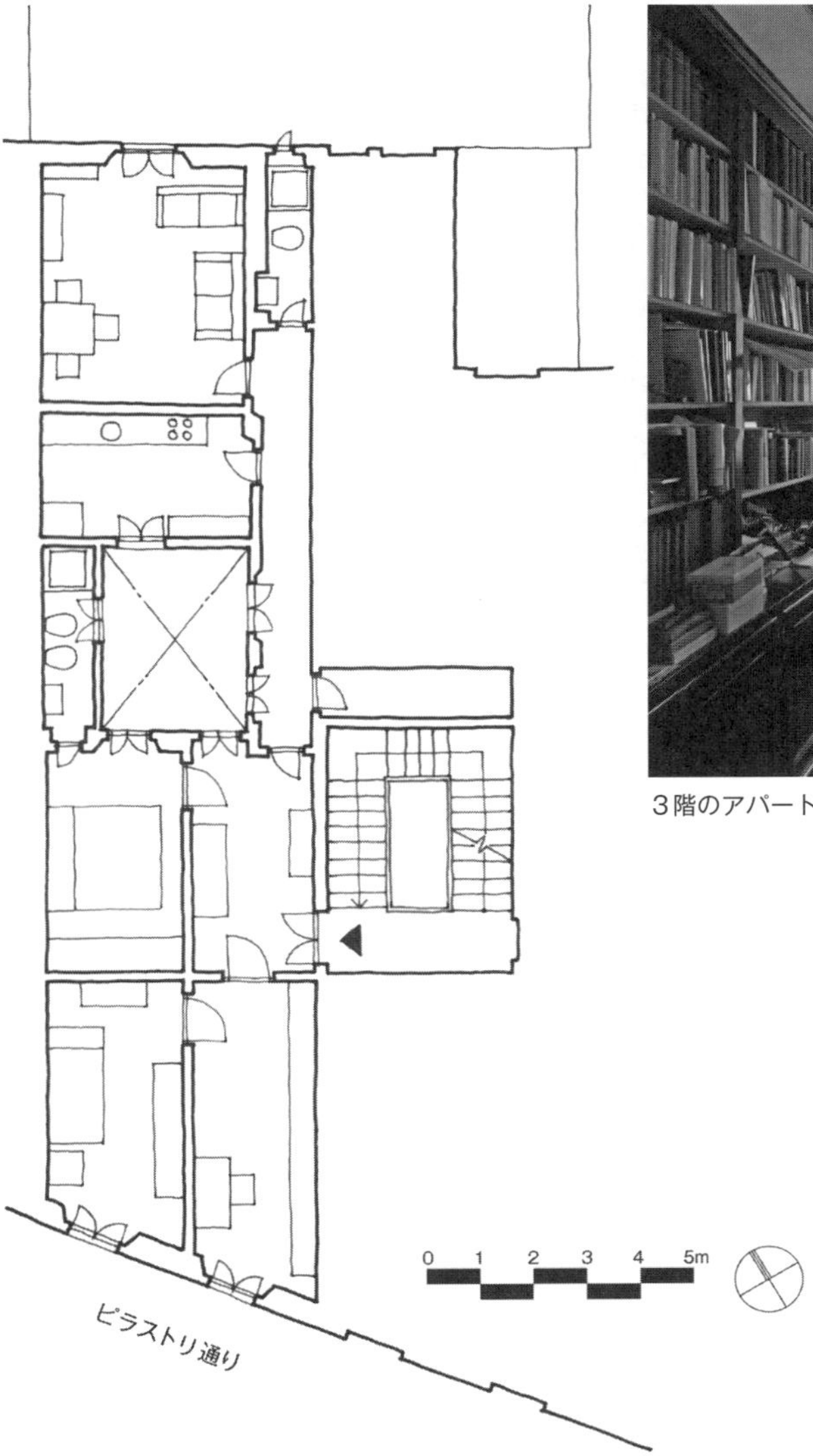

ピラストリ通りの家　2階平面図

3階のアパートメント。友人の書斎

裏庭に面したサロン

中庭に面して夫婦の寝室と台所があり、窓辺のプランターにはバジリコなどのハーブ類が並ぶ。二層下の同位置には私のアパートメントの個室があるが、一階のため光はあまり届かず、昼間でも薄暗い。一方で上階の部屋は十分に陽光が当たる、気持ちのよい場所だ。しかし昔の家のため断熱には少々問題がありそうで、夏の暑さの厳しさが予想される。

家の奥、私のアパートメントでは寝室にあたる位置に、この家のサロンがある。窓からは、ペルジーノのフレスコ画で知られるサンタ・マリア・マッダレーナ・デイ・パッツィ聖堂がよく見える。下を覗けば、裏庭と我が家のテラスが見え、さらに塀で仕切られた隣家の庭まで見渡せる。同じ建物内でも目線が変われば、環境や景色もずいぶん変わるものだ。

オベルダン広場の家　二題

一九世紀後半のリサナメント（都市再開発）は、中世の市壁を取り壊して環状道路をつくると共に、かつてのクローチェ門を中心に置くベッカリア広場を整備した。この楕円形の広場は、歴史的中心地区と新たに開発された住宅地とを結ぶ、蝶番のような役割をもつ。

歴史的中心地区を出て環状道路を渡り、広場を横切ると、チェント・ネゴーツィ（百軒店）と呼ばれる商店街が延々と続く。物価も手頃なこのあたりは、生活に便利な地区だ。ここから北へ少し行くと、ロータリー状のオベルダン広場に出る。中央には緑豊かな円形の島があり、これをぐるっと一周取り囲む道路からは、六本の放射状道路が延びている。車はゆっくりと反時計回りにロータリーに進入し、目的の道路を曲がっていく。信号はいっさい無いにもかかわらず、事故も起こさずに車がスムーズに流れていく光景は、日本では見られないものだ。

フィレンツェの北東にあたるこの地区は高級住宅地で、二〇世紀初頭に建設された「ヴィッリーノ」(小さなヴィッラの意)と呼ばれる庭付き戸建て住宅が建ち並ぶ。その多くは中世のカーサ・トッレやパラッツォを模したもので、中にはリバティ様式(イタリア版アール・ヌーボー)の家も混ざる、興味深い地区だ。

この地区には私の恩師であるフィレンツェ大学教授のご一家が住む。彼らが住む集合住宅は戦後まもなく、地元銀行と教職員協同組合の共同出資によって開発されたもののひとつだ。住人も公立学校や大学の教員、公務員などが多い。通りには同じ設計の建物三棟が一列に並び、すっきりした都市景観をつくっている。市壁内の歴史的中心地区ほど厳しくはないが、この地区にも景観規制が課せられている。建物外観の保存が義務づけられている他に、用途、色彩、看板についても細則がある。戦後に開発された地区も、すでに歴史的遺産の仲間入りをしているのだ。

リバティ様式の住宅(G.ミケラッツィ、1911)

管理組合と同じくコンドミニオと呼ばれる集合住宅は一九五〇年の建設で、築六〇年が経過しているが、歴史的都市フィレンツェではごく新しい部類に入る。構造は鉄筋コンクリート造で、地上五層+地下一層だ。ユニークなのは屋根が木造、瓦葺きであること。このあたり、建設年代と都市景観への配慮が感じられる。

対面する二戸が階段とエレベータを共有する階段室型のプランは、十分に余裕をとった贅沢なつくりである。各住戸は前面道路と裏庭の二方向に開口をもつ。道路に面しては主として窓が、裏庭側にはバルコニーが並ぶ。法規により、ファサードの変更につながる窓などの新設は認められない。バルコニーは当初開放だったが、塞いで室内化するケースがたびたびあった。

これは違法だったが、後に違反金を払ったうえで追認・合法化された。建物の道路側には外観の変化を伴わないことを前提に、屋根面積の一〇パーセント以下に限り、ポケット・バルコニーと呼ばれるミニテラスやトップライトの設置が認められている。住宅を事務所として利用することは可能だが、ホテルやペンションへの用途変更は規制が多く、事実上不可能となっている。

最上階の五階にある先生のお宅を拝見させていただいた。先生は以前、ペピ通りのアパートメントに住まわれていたが、一九九五年に本物件を購入後、市壁の外へと引っ越された。しばらくは水周りの設備のみを交換して暮らしていたが、二〇〇二年にご自身の設計で屋根裏部屋を増築されている。基本的に増床は認められない建物なのだが、最上階ゆえに使われていない既存の空間があったことが幸いした。

五階と小屋裏階（以下、主階とロフト）に分かれる住宅は、延床面積一八〇平方メートル（主階一二八平方メートル＋ロフ

コンドミニオの外観

二室を一体化した広いサロン

ロフト階に新設された廊下

ト五二平方メートル）で、主階にはリビング・ダイニングを始め、台所、サロン、娘さんたちの個室などがある。玄関を入って左手に広がるのは、間仕切り壁を撤去し二室を一体化して設けたサロンだ。壁一面の本棚は、都市計画関係の専門書で埋めつくされている。床は寄木張りフローリングで、通りに面した窓からは、正面の住宅のポケット・テラスが見える。

居間は食堂、台所と連続した細長い空間だ。角にあった既存の浴室を撤去して面積を広げている。日本びいきの先生のお宅には、江戸指物の茶箪笥に、エスプレッソを飲むのに使うぐいのみが並ぶ。コンパクトな台所の横には、購入時には既に室内化されていた元バルコニーの空間が広がる。

玄関脇の鉄骨階段を登ったロフトには、夫婦の寝室や客室、書斎などがある。ロフト中央の廊下は、彼のコレクションである世界各地の古地図ギャラリーになっている。廊下の直下に既存の梁があるため、両側の居室では廊下から五〇センチ下げた位置に床を設け、天井高を確保した。

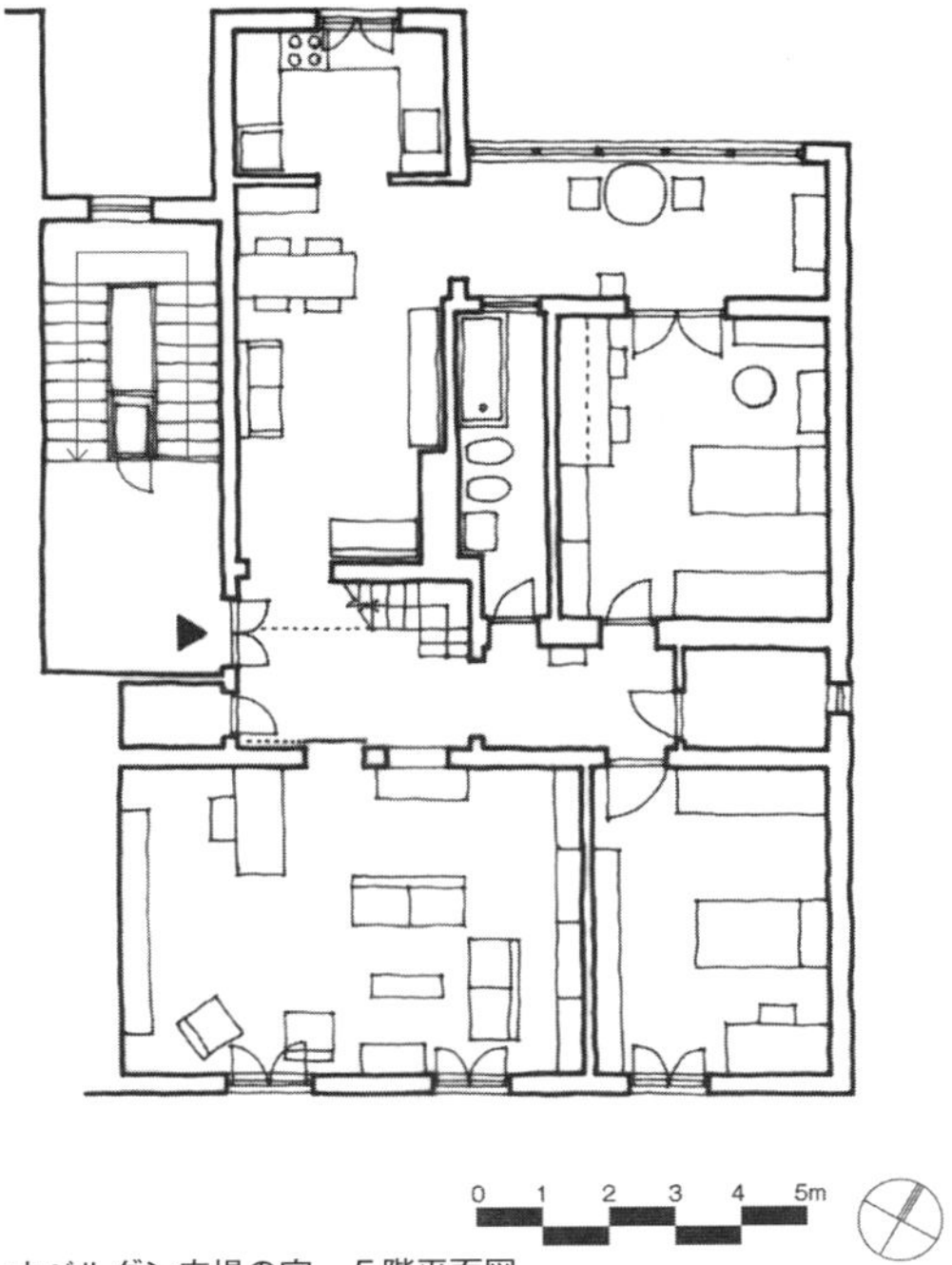

オベルダン広場の家　5階平面図

二室ある書斎のひとつはポケット・テラスに面し、もう一室は天窓から採光する。各室の天井には丸太の小屋梁が見え、鉄筋コンクリート造の近代建築の一室とはとても思えない。テラスからは、遠くに大聖堂のクーポラを望む。そういえば、ペピ通りの以前のお宅も最上階だったが、先生は見晴らしのよい最上階の家がお好みなのだそうだ。テラスはまた、コンパクトな夫婦の寝室にも面している。鋳鉄製のクラシックなベッドの頭上には、天井の梁が迫る。新たに設けた浴室の壁には、奥様が選ばれた色鮮やかなカラータイルが張られている。将来的には、面積に余裕のある家を二軒に分割して、二人の娘さんたちに使わせたいとのことだ。

さらに先生のご紹介で、隣の棟に住むご一家のお宅も拝見させていただく事ができた。同じ設計の建物であり、間取りもほぼ同じながら、こちらは一階の住宅である。ご夫婦ともに小学校の教員をされており、中学・高校の息子さん二人がいらっしゃる。トリノご出身の彼らは周辺環境が気に入り、二〇〇二年に本物件を購入されたという。

改装は友人の建築家に依頼した。既存の構造を活かしたプランは、よく考えられている。玄関を入ると、中廊下に沿って個室とウォークイン・クローゼットが並ぶ。通りに面した二室は息子さんたちの部屋で、既存の壁を撤去して面積を等分にした。床に残る壁の跡には白い大理石が埋め込まれ、当初の間取りを示している。ウォークイン・クローゼットの大きな引戸は半透明のポリカーボネイト製で、中の明かりをつければ壁面照明にもなる。

裏庭側に窓をもつ地下室

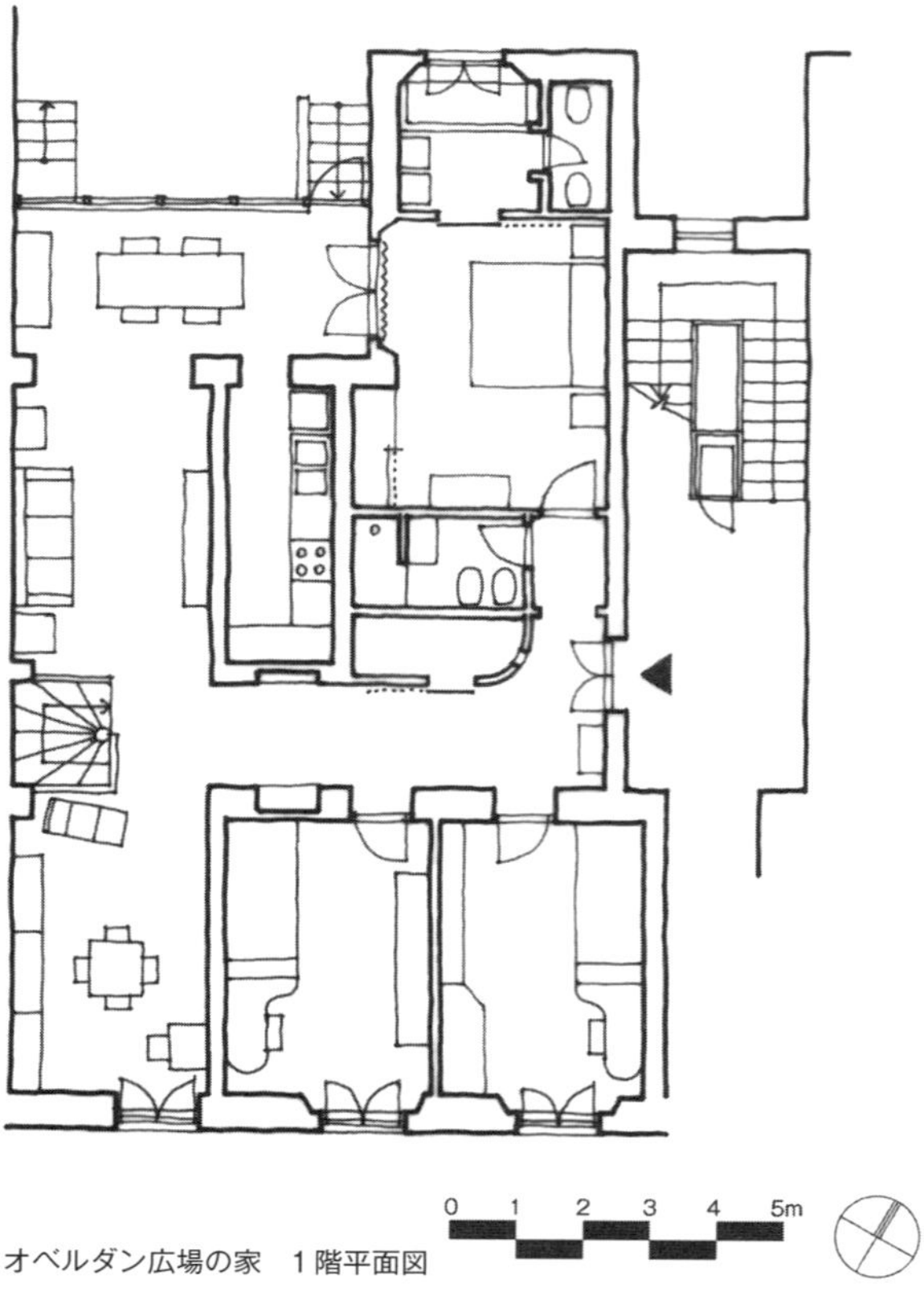

オベルダン広場の家　1階平面図

廊下の突当りにある、らせん階段は地下へと続いている。恩師のお宅は最上階にあったため、小屋裏を改装して居室としていたが、こちらの家は五〇平方メートルの地下室を備えている。地下室は一九六六年の洪水で冠水して土砂に埋まったが、市からの補助もあって購入時には完全に復旧していたそうだ。地下室とはいいながら、裏庭に面する高窓からは十分な光が入る。ここは奥様の書斎として使われ、道路側（こちらは換気窓のみ）には洗濯機などを置くユーティリティがある。地下室の気温は年間ほぼ一定に保たれている。特に暑い日には、家族皆でこの部屋に避難するそうだ。

地上階に戻ると、居室をひとつ潰してつくった、通り側から裏庭まで抜ける大空間がある。通り側には壁一面の本棚とＰＣデスクが置かれ、家族共有のメディアコーナーになっている。裏庭側に位置する食堂は、室内化されてサンルームになった元バルコニーだ。広い窓からは、大きなソテツの木がある緑豊かな裏庭の風景が広がる。傍らのキッチンは浴室を改装したもので、コンパクトながら使いやすいレイアウトをもつ。

キッチンの背後には、ゆったりとした夫婦の寝室がある。裏庭に面する、かつて台所があった位置には、新たに浴室が設けられた。大きな浴槽、ツインの洗面台、豆タイルの内装は、高級ホテルのようだ。庭を眺めながらの入浴は、贅沢な時間を約束してくれるだろう。

このように環状道路の外側につくられた近代の住宅地では、歴史的中心地区ではなかなか望めない面積や設備、採光や通風を得ることができる。中でも二〇世紀初めに開発された地区は、今日のものに比べて余裕があって魅力的な物件だ。ともすると画一的になりがちな近代建築の住まいも、やり方次第では住みやすく、かつ創造的な住空間になり得るのだ。

サン・ジュゼッペ通りの家

最後に、ユニークな住宅を紹介しよう。歴史的都市には、もともと別の目的で建てられた建物が、後の時代に改造されて住宅となったケースをしばしば見かける。街角の不動産屋の広告にも、「愛好家向け・旧〇〇のアパートメント」とうたわれた物件を目にすることがある。このような歴史的建物を転用した事例を抜きにして、イタリア都市の住宅を語ることはできない。

サンタ・クローチェ聖堂の周辺には、かつていくつもの修道院が点在していたが、現在それらはフィレンツェの伝統工芸で

旧修道院の一角にあるモザイク工房

ある革細工や貴石モザイクの店舗・工房、小学校、老人ホーム、住宅などに転用されている。

聖堂北側のサン・ジュゼッペ通りには、マッチ家の寄進により一三三五年に慈善病院が設立された。病院はサン・フランチェスコ・アル・テンピオ女子修道院と孤児養育院を併設していた。付属の礼拝堂は一七〇四年にメディチ家の助成を受けて修復されたが、その際にアンドレア・デル・サルトによる祭壇画（一五一七）が持ち去られてしまった。この祭壇画は現在、ウフィツィ美術館に展示されている。

病院と修道院は一街区全体を占めていた。礼拝堂は現在、慈善団体の講堂として使われている。旧修道院の地上階は店舗や倉庫に、上階は個人住宅へと姿を変えた。九〇年代に行われた建物の改装中、地下に設けられていた修道女たちの墓地が発掘された。修道女たちは円卓を囲み、椅子に座った形で埋葬されていたという。調査のあと、遺体はそのまま元の場所に安置され、地下墓地は再び埋め戻された。

この旧修道院の一角にある、一軒の住宅を訪れた。通りに面した扉を抜けると、小さな中庭に出る。建物の外観にも、窓やバルコニーが無造作に積み重なった中庭にも、歴史ある修道院の面影は見あたらない。しかし、家の中へ一歩足を踏み入れると、思いもよらない大空間が広がっていた。

中国文化研究家の夫人は、ボランティアで中国移民の相談相手をされている。近年、イタリアは急増する東欧や中国からの移民問題に悩まされており、フィレンツェもその例外ではない。隣街の工業都市プラートにはトスカーナ地方最大のチャイナタウンがあり、その劣悪な労働環境や、イタリア人との共存など山積する問題がしばしば新聞の紙面を賑わす。中国文化を愛する婦人はこうした状況に胸を痛め、無償で彼らが抱える様々な問題の解決に手をさしのべているのだ。

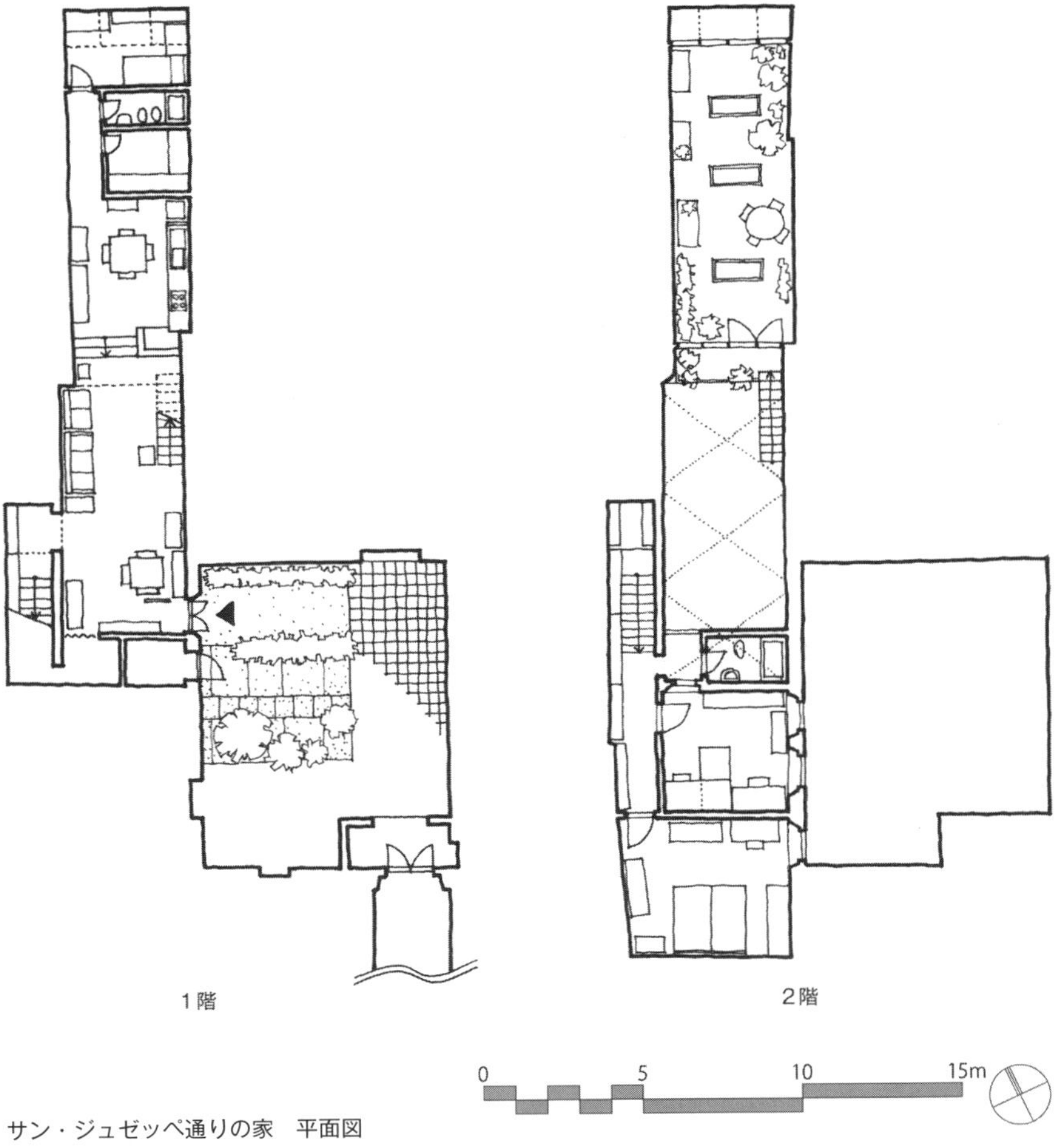

サン・ジュゼッペ通りの家　平面図

サン・ジュゼッペ通りの家　断面図

修道院の回廊を転用した、ゆったりとしたサロン

高い天井に交差ヴォールトが連続する部屋は、修道院の回廊の一部を転用してつくられたものだ。夫妻は倉庫として使われていた空間に残る六〇年代の内装をすべて撤去して、延床面積一四〇平方メートルの住宅へとレスタウロした。

この家は大空間を活かしたスキップフロア形式の構成だ。サロンを挟んで両端に二層が設けられている。サロンの角には、壁に半ば埋まったピエトラ・セレーナの円柱が見える。これは住宅への改修時に発見され、丁寧に掘り出されたものだ。

明るい日差しが差し込む先は、半階上がったテラスになっている。鉄骨階段を登ってテラスに出る。隣家の壁面に囲まれた、サロンと同じ幅の細長い空が頭上にある。かつての修道院の中庭はもっと広かったはずだが、住宅への改造と細分化が進み、昔の姿を想像するのは難しい。

サロンに戻り、数段下がってテラスの下に位置するダイニング・キッチンに向かう。壁に沿ってシステムキッチン、中央には大きなテーブルが置かれている。机の真下には円形の古井戸が残る。テラス床に埋め込まれたガラスブロックを通して、テーブル上に光が届く。壁面には一九世紀に設けられたアーク燈の配管が残り、その下には中世の通風口が開口している。

ダイニング・キッチン全体のチープなつくりは、ここがもともと洪水後の補償でつくられた倉庫だったことに起因する。上のテラスも改修時の急ごしらえのものだ。暖房は温水ラジエータを室内各所に装備する。冷房が無くても夏は涼しく、冬も極端に冷え込まずに快適に過ごせるのは、先に紹介したピラストリ通りの家と同様だ。

大きな黒犬と猫二匹がくつろぐサロンを引き返し、二階へと向かう。吹抜けに面した位置には浴室が設けられている。サロンのヴォールト天井がそのまま連続する浴室は、かつて修道女が暮らした僧房の外壁に接してつくられている。洗面鏡がはまる石のアーチは、その窓枠だ。

旧僧房は、今では高校生の息子さんたちの部屋になっている。塞がれたアーチの隣にある、もうひとつの小窓を覗き込めば、サロンの大空間を見降ろせる。窓枠の片隅には、燭台を入れた小さなくぼみが残る。広くはない部屋は二段ベッドで仕切られ、キーボードやTVゲームが雑然と並ぶ。夫人曰く、息子たちも成長して手狭になったため、浴室を撤去して部屋を広げたいとのことだった。

改装時に発掘された回廊の円柱

浴室。僧房の窓枠にはめこまれた鏡

二階の奥が夫婦の寝室だ。壁面には封鎖された共用階段への出入口跡が残る。電気技師のご主人はテニスが趣味で、壁にはサークルの写真やトロフィー、ラケットが飾られている。家の修繕は、たいがいのことは彼が自分で片付けてしまうそうだ。脇にある一七世紀のアンティーク家具は、祖母からもらったもの。窓の近くは夫人の書斎コーナーになっている。机上には、漢字の書取り練習をしているノートが開げられたままだ。黒犬は見学中の私たちの後を、興味深げにずっとついてくる。訪問中には見かけなかったが、この家にはさらにカメが三匹もいて、いつも家中を自由に歩きまわっているそうだ。

夫人にこの家の将来像を尋ねると、彫刻と絵画を勉強中の息子さんたちに、ゆくゆくはアトリエとして使わせたいとのことだった。なるほどサロンの大空間は、アーティストの作業場にはもってこいだろう。この家のように歴史的建築をレスタウロした住宅には、長い歴史が積層するイタリア都市の特徴が最もよく反映されている。連綿と続く都市の時間を肌で感じる住まいは、住む者の感性をくすぐり、心豊かな生活を約束してくれる。

第8章

メディチ家のヴィッラと庭園

ヴィッラというライフスタイル

サン・ピエール・マッジョーレ広場からトンネル状のサン・ピエリーノのアーチを抜けると、北東に向かってボルゴ・ピンティ通りがまっすぐ続いている。この道はフィレンツェをとりまく環状道路を越えて、丘上の街フィエーゾレへと向かう。並み居るパラッツォの中に彫刻家ジャンボローニャのアトリエが残る通りを歩いてゆくと、正面には丘の頂上に小さくフィエーゾレの大聖堂と鐘楼が見える。そのふもと、ブドウ棚やオリーブ畑が広がる南斜面には大小の邸宅が散在している。こうした田園の別荘は「ヴィッラ」と呼ばれ、長い歴史をもつ。イタリアの住まいとライフスタイルを考えるうえで、ヴィッラもまた欠かせない存在だ。

ヴィッラの歴史は古代ローマにまでさかのぼる。ローマ時代のヴィッラは二種類あったといわれる。ひとつ目は「ヴィッラ・ウルバーナ」と呼ばれるもので、首都ローマから一～二日で容易にたどり着くことができる、田園の中の別宅である。もうひとつは「ヴィッラ・ルスティカ」と呼ばれる、農園経営の拠点としての別荘だった。後者は農園を耕作する奴隷が管理しており、主人は一定の時期だけ滞在し、領地の運営を監督した。

ローマ郊外にあるティヴォリの街は、風光明媚で涼しく過ごしやすいため、古代から多くのヴィッラが営まれた。ハドリアヌス帝がつくったヴィッラ（一一八～一三三）は、広大な帝国を視察中に皇帝を魅了した、各地の美しい風景や建物が再現されている。円形の池に浮かぶ小島の書斎では一人物思いにふけり、ナイル川を再現したカノープスの水辺では、かつて愛した美少年アンティノウスの面影を偲んだという。

ルネサンスの時代になると、郊外に建つ別荘「ヴィッラ・スブルバーナ」は、喜びと休息の場としての価値が見直される。アルベルティは『建築論』の中で、ヴィッラの理想的な姿を以下のように述べている。「貴族の住宅は、地所の中でも、特に肥沃でなくてもよいが、他の点で傑出している場所に建てるとよい。すなわち風通し、日当たり、眺望がよく、快適なところ。持ち主の農園をつなぐ平坦な道、それから客を迎えるのにふさわしい並木道があること、よく見える場所にあり、都市、城砦、海または広い平原を見渡せる場所にあること、まだ名だたる丘や山の頂き、美しい庭園にも視線を馳せることができること、さらに釣りや狩の豊富な機会を与えてくれること」

ポッジョ・ア・カイアーノのヴィッラ（G.ダ・サンガッロ、1445-1520）

フィレンツェの支配者メディチ家が本格的なヴィッラの建設を始めたのは、老コジモの時代だった。当初は既存の城塞を改装したものだったが、ミケロッツォによるフィエーゾレのヴィッラ（一四六二）は、田園生活の理想郷としての新たな建築様式を生み出した。その後、豪華王ロレンツォがジュリアーノ・ダ・サンガッロにつくらせたポッジョ・ア・カイアーノのヴィッラ（一四八五）は、後の別荘建築のモデルとなった。ギリシャ神殿風の入口上部は、四季や豊穣の祈りを主題としたテラコッタで装飾され、農業と深い関わりをもつヴィッラという建物の性格を忠実に表している。正面の流れ降りるような階段は一九世紀の増築だが、建物の雰囲気とよくマッチしている。

郊外に散在するヴィッラの中には今なお貴族の末裔が住み、アンティノーリ家（第6章を参照）やフレスコバルディ家に代表されるように、直営の農園で自社ブランドのワインづくりを営む一族もある。歴史的・建築的に重要なヴィッラの多くは一般公開されているが、普段は未公開である個人所有の建物も、時期を限定して公開されることがある。古い建物や広大な庭園はメンテナンスに手が回らない部分も多々あるようだが、こうした機会は貴族のライフスタイルの一端を垣間見ることができて大変興味深い。

本章では数ある別荘建築の中でもその代表格といえる、メディチ家が所有したヴィッラと庭園の数々を訪れてみたい。

パラッツォ・ピッティとボボリ庭園

アルノ川左岸に建つパラッツォ・ピッティは、メディチ家の市内の居城であり、なおかつ広大な庭園を背後に控えた田園の

パラッツォ・ピッティ。長大なファサードと傾斜した前面広場

住まいという、ふたつの顔を併せ持つ。その姿は、パラッツォとヴィッラ双方の特徴を兼ね備えた特殊な存在といえる。

パラッツォ・ピッティは大公の居城として、一五五八〜七七年にかけてヴァザーリとアンマナーティによって整備された。アンマナーティが手がけた中庭（一五六八）は、パラッツォと庭園とを立体的につなぐ。中庭はパラッツォと同じ高さの翼部で左右を閉じられている。庭園側では三層構成の壁面の一層目のみが立ち上がり、中庭を閉じる。

ピエトラ・フォルテの茶褐色の壁面には、かつてアルベルティがパラッツォ・ルチェッライで取り入れた建築オーダーが、下からドーリス、イオニア、コリント式の順で重なる。アルベルティが各要素を明快に分節したのに対して、アンマナーティのデザインは粗面の切石を間隔を置いて交互に積み重ねた、より大胆な構成を見せる。壮大な中庭は、婚礼や式典の際には馬上槍試合や演劇、舞踏会などの舞台となった。

一六二〇〜四〇年にはパリージ親子によってファサードが拡張され、幅は三倍の約二〇〇メートルに達した。一七六四〜一八一九年にはテラスのある翼部が増築され、ほぼ現在の姿となった。三世紀にわたる歴代大公の居城は、フィレンツェが統一イタリアの首都となった時代はイタリア王家の邸館（一八六五〜七一）となる。国王ヴィットーリオ・エマヌエーレⅡ世による国家への寄贈後（一九一九）、パラッツォ・ピッティは五つのギャラリーを擁する一大美術館となった。

メディチ家はパラッツォ・ピッティに続いて、ボボリ家の領地を含む丘の中腹を買い取り、庭園として整備した。一五四九年の基本設計は、ミケランジェロの弟子で建築家、水道技師であったニコロ・トリーボロによるものだ。彼はこの一〇年前に、カステッロのヴィッラの庭園を手がけている。トリーボロの仕事は彼の死後、アンマナーティ、ブオンタレンティに引き継がれた。

ボボリの丘四万五〇〇〇平方メートルに広がる大庭園は、パラッツォから丘上への南北、円形劇場からロマーナ門への東西ふたつの軸線に従って、幾何学的に刈り込まれた植栽、池、並木道、グロッタなどが盛り込まれた、広大かつ優雅なイタリア式庭園として知られる。

またメディチ家は農業振興にも力を入れており、ボボリ庭園はトスカーナ大公国の農業試験場のような役割も果たしていた。園内では新大陸から持ち込まれたジャガイモ、ナシなどの果実、養蚕のためのクワの木など、世界中から集めた植物が栽培されていた。

それでは、庭園巡りを始めよう。パラッツォ東の庭園入口には、第3章で触れたグロッタ・グランデがある。パラッツォ・

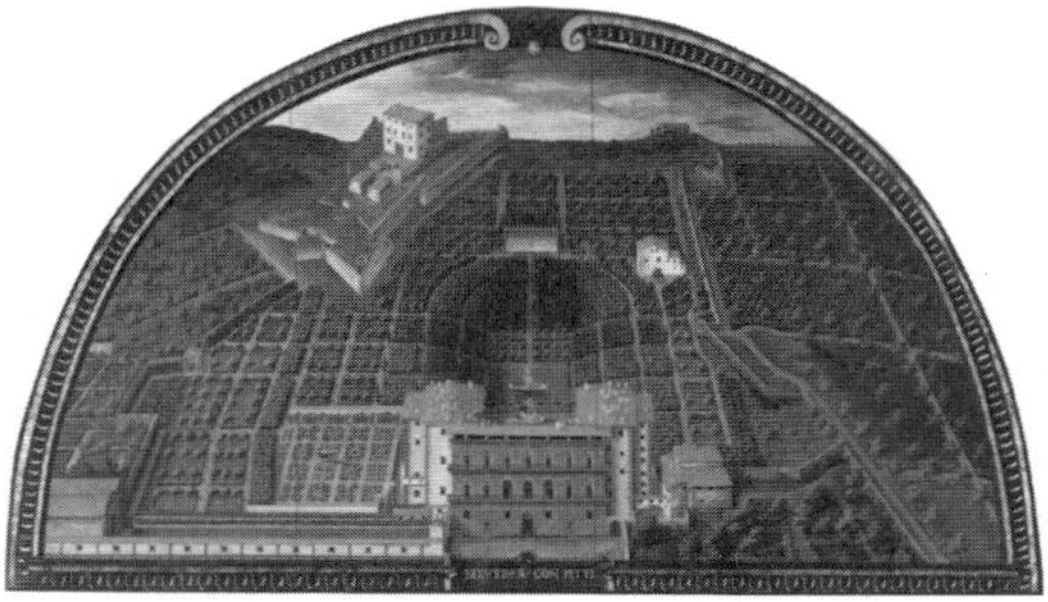
パラッツォとボボリ庭園を描いたルネッタ（G.ウーテンス、1599）

庭園側から見た中庭（B.アンマナーティ、1568）

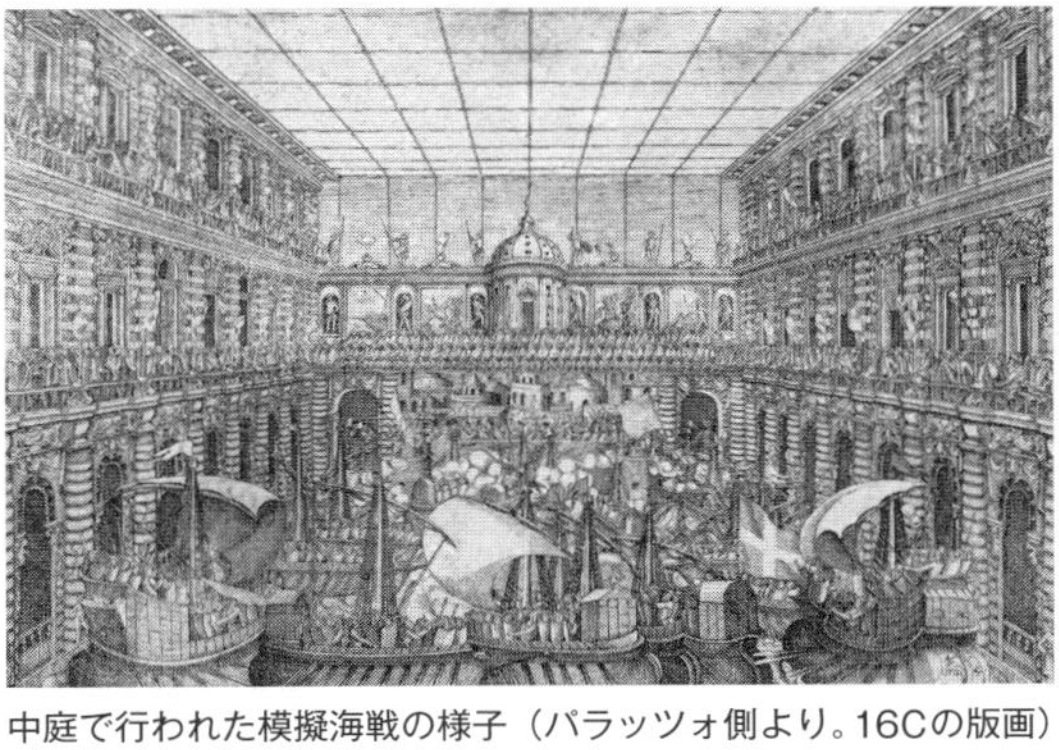
中庭で行われた模擬海戦の様子（パラッツォ側より。16Cの版画）

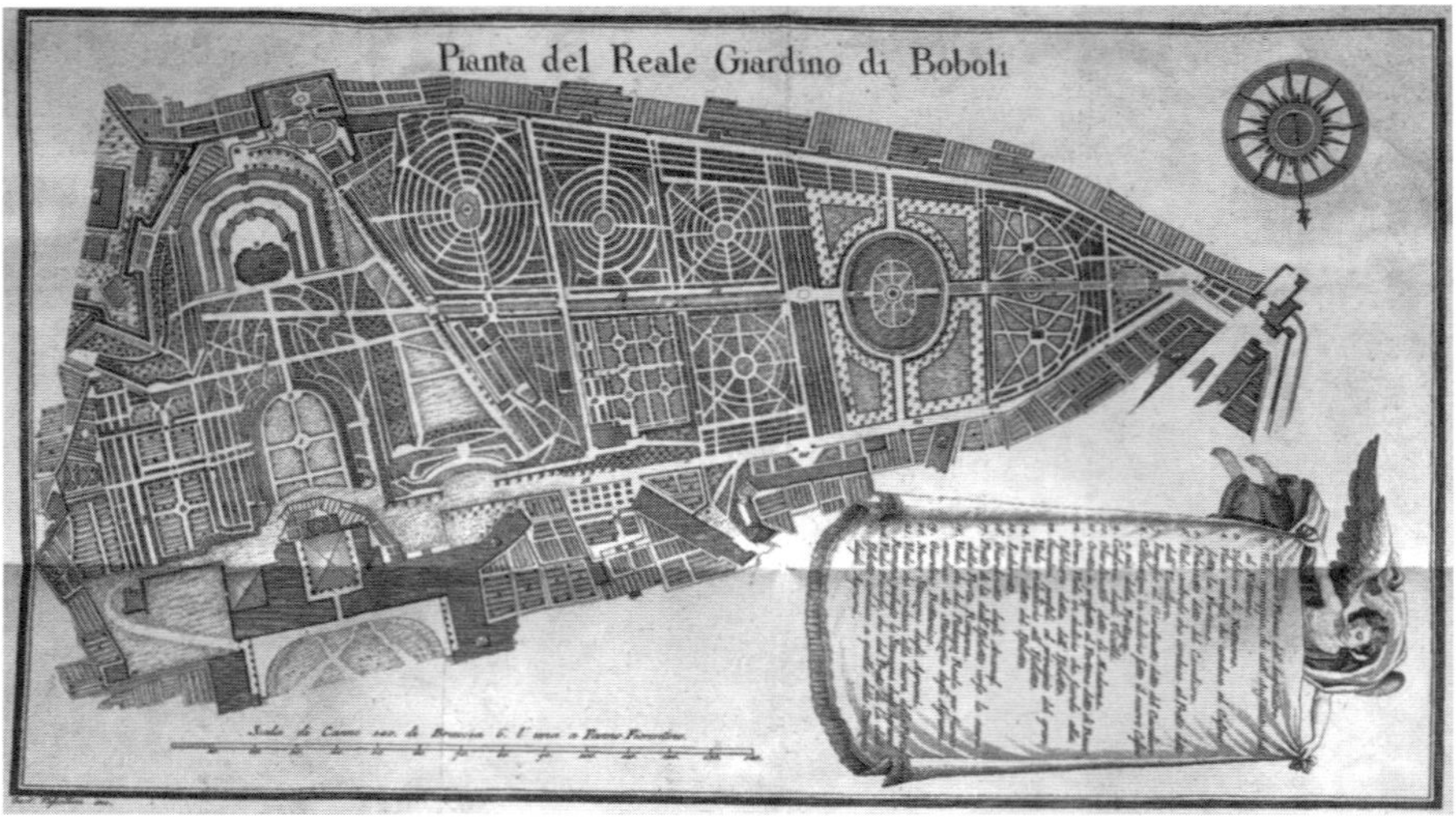

ボボリ庭園　平面図（18C）

ヴィオットローネ（糸杉の並木道）。奥にイゾロット
と大洋の泉が見える

鍾乳洞を模したグロッタ・グランデ内部（18C）

ヴェッキオから始まる空中回廊の終点でもあったグロッタは、ヴァザーリが着工し、ブオンタレンティが一五九三年、最終的に完成させたものだ。内部は鍾乳洞を模した三つの部屋に分かれ、ジャンボローニャ作の「ヴィーナスの泉」をはじめとする数々の彫刻で飾られる。大地の象徴としてルネサンスの庭園に付きものだった洞窟は、静かな思索の場所であり、友人たちとの気楽な語らいの場であり、また恋人たちの逢瀬の場でもあった。かつては第一の部屋にミケランジェロの荒削りな四体の彫刻「瀕死の奴隷」が置かれていた。思いがけない所から吹き出して袖を濡らす噴水は、訪問客を驚かせるユーモラスな仕掛けだった。グロッタの前にある、カメにまたがった太った小人の泉（一五六〇）は、コジモI世の宮廷で人気があった道化、モルガンテの像だ。

丘の地形を利用した円形劇場は、パラッツォからの軸線を包み込む緑の建築だ。ここにはかつてピエトラ・フォルテの採掘場があり、切り出された石材はパラッツォ・ピッティの建設にも使われた。一五五〇年より旧採掘場の拡張と整形が行われたが、その中央に立つ古代エジプトのオベリスクと花崗岩の巨大な水盤は、遠くローマから運ばれたものだ。どちらも、古代ローマの戦車競技場を思わせる円形劇場の姿から着想を得て、ここに設置されたものである。

円形劇場とオベリスクは、パラッツォの中庭から丘上へと延びる南北の軸線を導く。斜面に続く階段を登り切った高台に位置するネプチューンの泉からは、フィレンツェの壮大なパノラマを望む（口絵参照）。三つ叉の矛をかかげる海神は、噴水のアーチとコイが泳ぐ広い水面に囲まれている。池はイタリア式庭園に欠かせない要素だ。庭園とパラッツォを貫く軸線を通して、ネプチューンの泉、カルチョッフィの泉の水面が連続し、自然から建築へ、建築から都市へと、視線はなめらかにつながっていく。

円形劇場から西のロマーナ門にかけて、無数の彫像に見守られた糸杉の並木道が続く。木陰にはトスカーナ在住の日本人彫刻家、安田侃氏による玉石のような白大理石の彫刻も見える。「ヴィオットローネ」と呼ばれる幅広の並木道は、円形の池へとゆるやかに下ってゆく。

池の中央にひっそりと浮かぶイゾロット（小島）には、ジャンボローニャ作の「大洋の泉」（一五七〇）がある。泉はもともと円形劇場の中央に置かれていたが、一七世紀に庭園が拡張された際、イゾロットの中央に移設されたものだ。泉の頂部に立つネプチューンは、池の内外に配された無数の彫刻と共に、田園の中に神秘的な世界をつくり上げる

ベルヴェデーレ要塞での野外彫刻展示（G.ヴァンジ展）

ボボリ庭園の頂上には、ベルヴェデーレ要塞がそびえる。切り立った城壁に四隅を守る稜堡が突き出した要塞は、フェルディナンドI世の命によりブオンタレンティが設計したものだ（一五九〇～九五）。中央には時計塔を掲げたパラッツェット（小規模なパラッツォの意）が建つ。名前こそ「美しい眺め」だが、この要塞は市内で反乱が起きた際、高所から速やかに制圧し、パラッツォ・ピッティを防衛するのが任務だった。フィレンツェ全市を見渡す要塞の大砲は、外ではなく市内に向けられていた。要塞は現在、野外彫刻展示場として使われており、現代彫刻と田園の緑、そしてフィレンツェのパノラマの競演を楽しむことができる。

ペトライアのヴィッラ

このヴィッラは、フィレンツェ市街から北へ四キロほど離れた小高い丘の上にある。フェルディナンドI世は一五七五年から九〇年にかけて、かつてブルネッレスキ家が所有していた中世の城塞をヴィッラへと改造した。彼は大広間を飾るため、一五九九年にフランドル出身の画家ジュスト・ウーテンスに命じて、一四枚のルネッタ（半月型の絵画）に同家所有のヴィッラを描かせた。ペトライアのヴィッラを描いたルネッタには、中世の塔を中央にもつ建物が、手前に広がる幾何学式庭園と併せて描かれている。

一九世紀、ヴィッラはサヴォイア家のものとなる。ヴィットーリオ・エマヌエーレII世は、建物と庭を大幅に改築した。中庭にはデリケートな鉄骨梁で支えられたガラス屋根が架けられ、豪華なシャンデリアやフレスコ画で飾られた絢爛たる舞踏会場へと改装された。バルコニーから見降ろすと、きらびやかな舞踏会が今にも始まりそうな錯覚に陥る。室内には楽器や時計のコレクションや、国王が大いに好んだ立派なビリヤード台などが残り、当時そのままの雰囲気を漂わせている。

ヴィッラ前の斜面に広がる庭園は三段に分かれており、最も広い最下段には、幾何学的に配置された色とりどりの刺繍花壇がある。中央にヴィッラを配した左右対称の庭園は、古典的な美しさをもつ。色とりどりの花や生垣に混じってローズマリーやサルビアなどのハーブも植えられた庭園は、単に観賞用だけでなく、農園としての伝統も引き継いでいる。二段目のテラスへ登る階段中央には、洞窟を模した壁龕の中にマスケローネ（ギリシャ劇の仮面を模した彫刻）の噴水がある。テラスの中央に設けられた用水池は、ゆらめく陽光を反射して建物のファサードを明るく照らす。

金魚が泳ぐ池を横目に階段を登り、最上段のテラスに至る。ヴィッラの右横にはジャンボローニャ作の水浴びする乙女像

ペトライアのヴィッラを描いたルネッタ

丘の斜面につくられた幾何学式庭園

マスケローネ（仮面）の噴水

「フィレンツェのヴィーナス」を中心とした、小振りな庭が広がる。ここからは、遠くにフィレンツェの街並みを望む。ルネサンスのヴィッラ、特にメディチ家の別荘は、己が支配する都市の眺望を重視したといわれる。ヴィッラと大聖堂を結ぶ軸線上、庭園の角には大きな展望窓をもつ離れがある。その昔、大公はここからフィレンツェを見やりつつ、国の行く末を思案していたのだろうか。

庭園から望む平野部では空港や大規模商業センターなどの開発が進み、昔の田園風景の面影はすっかり無くなってしまったが、大聖堂のクーポラは変わらず、フィレンツェのランドマークとしてしっかりとそびえ立っている。

舞踏会場となった中庭を覆うガラス屋根とシャンデリア

テラスより大聖堂のクーポラを望む

カステッロのヴィッラ

このヴィッラはペトライアからほど近く、歩いて一〇分ほどの位置にある。今日の建物正面には芝生の広場と長い並木道が延びているが、ウーテンスのルネッタには用水池が描かれている。カステッロのヴィッラは、ペトライアとは真逆の構成をもつ。ここでは丘のふもとに建物が位置し、庭園は斜面に沿って丘の上へと続いている。

ヴィッラの建設は、コジモI世が自身の幼少期を過ごした建物の拡張を、ニコロ・トリーボロに命じたことから始まる(一五三七)。トリーボロの死後、アンマナーティとブオンタレンティが工事を引き継ぎ、一五九二年に完成した。ヴィッラの内部には一九世紀初めまで、ボッティチェッリのかの名画「ヴィーナスの誕生」と「春」が飾られていた。

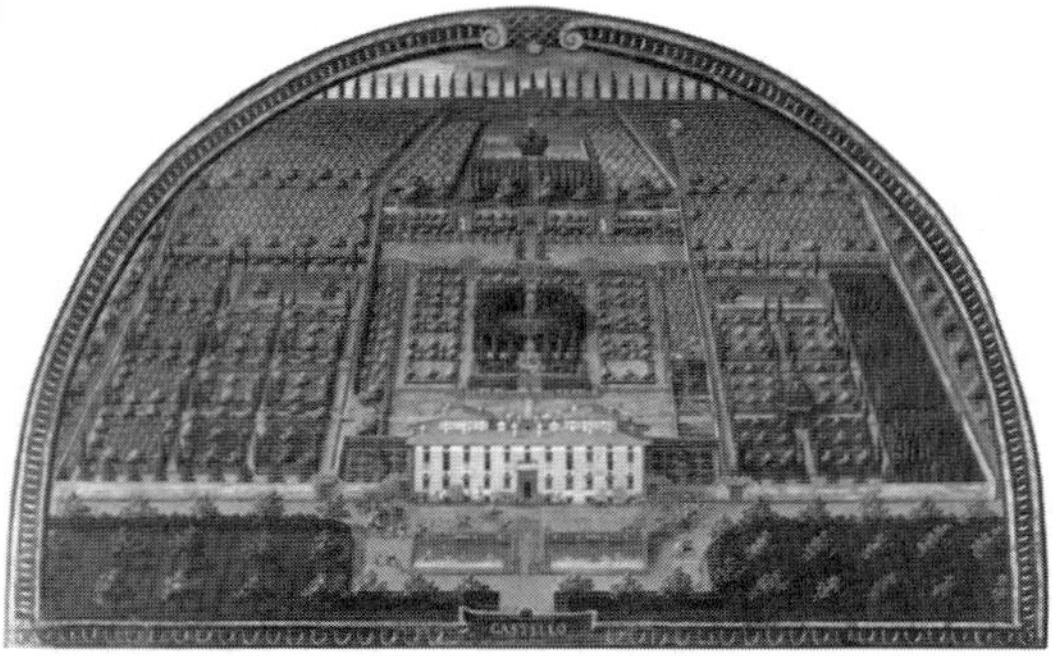

カステッロのヴィッラを描いたルネッタ

レモンの大鉢が配された庭園

丘の頂きまで延びる庭園は大きく三段に分かれ、下のテラスは矩形の刺繍花壇で彩られる。庭園の中央には、かつて高い生垣で囲まれた円形の空間があって、そこには噴水とともに「フィレンツェのヴィーナス」と、アンマナーティによる「ヘラクレスとアンタイオス」の像が置かれていたが、ブロンズ像は共に一八世紀後半、ペトライアのヴィッラへと移された。

中段のテラスには矩形の芝生が広がる。芝生の周辺に並ぶ石の台座の上には、直径一メートルを超す大きな素焼きの鉢に植えられたレモンなどの柑橘類が配置

貝殻を用いたグロッタの天井モザイク

リモナイアの内部。冬越しに備える柑橘類の大鉢

アッペンニーノの像（B.アンマナーティ、1565）

グロッタ内部。様々な動物の彫像が並ぶ噴水

され、庭園をさわやかな芳香で満たす。メディチ家の柑橘類好きは当時から有名だった。庭園端にあるリモナイア（温床室）は、冬越しのために大鉢を室内へと避難させるための施設だ。

中段と上段のテラスを隔てる壁面の中央にはグロッタがある。模造の鍾乳石が垂れ下がり、天井は貝殻を用いたモザイクで埋めつくされた洞窟内には、色の異なる石材を使い分けた鹿、熊、イノシシ、象など様々な動物の彫刻が並ぶ。自然の森を象徴した動物の群像は噴水でもあり、口からあふれる水は魚や貝を刻んだ水槽に流れ、洞窟内をかすかな水音で満たしていた。

幾何学に支配された下層のテラスとはうって変わり、最上段のテラスは鬱蒼とした森に覆われている。森の中央にある池には、アンマナーティによるアッペンニーノの像（アペニン山脈を象徴する山の神）が寒そうに身をかがめている。彼の背には常に、噴水の水が浴びせかけられていた。カステッロの庭園からは大聖堂のクーポラを見ることはできないものの、斜面に広がる美しい庭園とヴィッラを見降ろすパノラマの背景には、都市フィレンツェの眺望が開けている。

プラトリーノのヴィッラ

フィレンツェから北東に一三キロ、バスで三〇分ほどのプラトリーノの町に、このメディチ家のヴィッラはある。フランチェスコI世の命により、ブオンタレンティが設計したヴィッラ（一五六九～八一）は、非日常的な芸術と自然とが融合した壮大な幻想の庭園だった。

フランチェスコは政治よりも錬金術や芸術の方面に熱心な、一風変わった人物だった。パラッツォ・ヴェッキオ内につくらせた秘密の小部屋ストゥディオーロ（一五六九～七二）では、様々なシンボルが描かれた扉の奥に秘薬や化学実験の器具をしまい、一人こもって錬金術の研究に没頭したという。彼はフィレンツェを離れて、愛人、後には二番目の妻としたビアンカ・カッペッロと水入らずで過ごすため、誰にも邪魔されない理想の場所をつくろうとした。ここにはブオンタレンティほかアンマナーティ、ジャンボローニャなど当時最高の芸術家たちが一同に集められ、メディチ家のヴィッラの中でも最も贅をつくした庭園が建設された。広大な敷地には、ヴィッラを中心に数多くの彫刻、噴水、グロッタが設けられ、庭園には水力で動く自動人形もあったという。

フランチェスコI世は一五八七年一一月八日、ビアンカとともにポッジョ・ア・カイアーノのヴィッラで謎の死を遂げる。これには、兄の不甲斐なさに業を煮やしたフェルディナンドが二人の暗殺を命じたとの説もある。フランチェスコの死後、彼の記憶も濃密な庭園は訪れる者も少なくなり、彫像は皆ボボリ庭園へと移された。庭園は荒廃し、倒れかけたヴィッラは一八一九年に解体される。そしてブオンタレンティのルネサンス式庭園は、規模を大幅に拡張しつつ、当時大流行していたイギリス式の風景庭園へと改造された。

一八七二年、ロシアの大実業家パオロ・デミドフが庭園を買い取り、厩舎、農場、礼拝堂など主要な部分を修復して自邸とする。同家が絶えた後に庭園は再び荒廃したが、一九八一年よりフィレンツェ県の所有となり、今日では市民公園として一般公開されている。一般にはメディチ家のヴィッラというよりも、ヴィッラ・デミドフの方が通りがよいようだ。

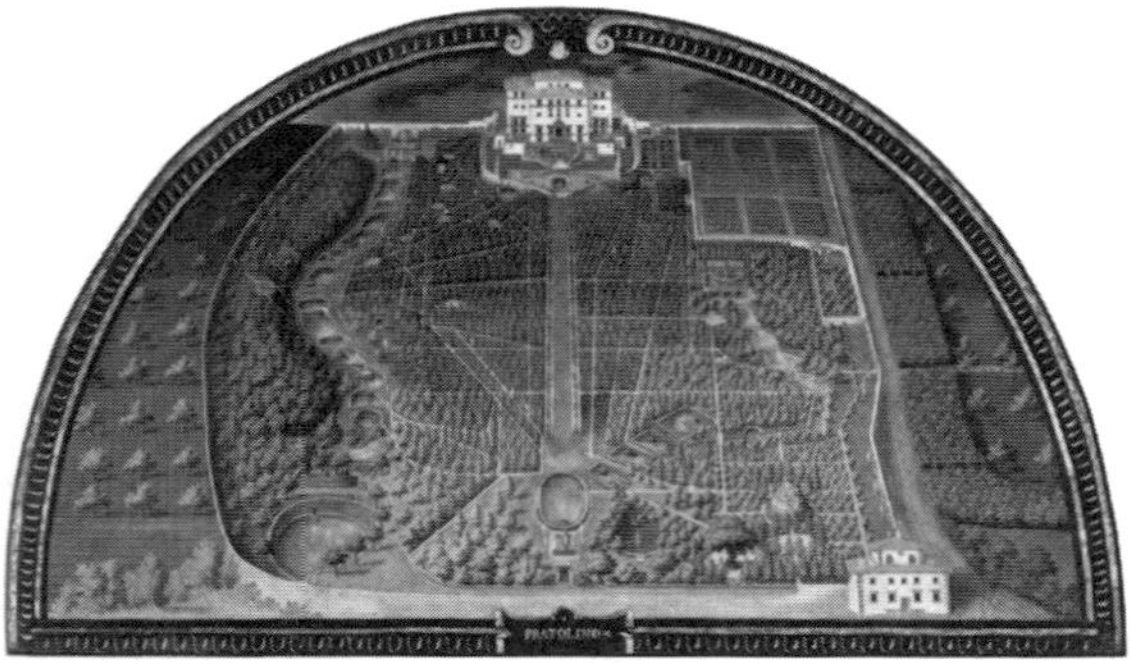

プラトリーノのヴィッラを描いたルネッタ

現在の公園内に、かつてのルネサンス式庭園を思わせるものは、ほとんど残されていない。ルネッタに見るように庭園の中心軸の頂点にはヴィッラが置かれ、その左右にはゆるやかに起伏する地形を利用して、段々畑のように連続する池をはじめとする様々な仕掛けが施されていた。門からヴィッラへと続く糸杉の並木道の左右には噴水が隠され、来訪者は吹き上げる水が描くアーチをくぐりつつヴィッラへ向かったという。軸線の周囲には、生垣でつくられた迷路が張り巡らされていた。

この幻想の庭園の主役は、ジャンボローニャがつくりあげたアッペンニーノの巨大な像だ。高さ一〇メートルほどもある鍾乳石でできたような巨像は、池のほとりにうずくまり、水面を見つめている。その姿はカステッロのヴィッラの像と同様に、アペニン山脈を象徴している。巨人の内部は小さな部屋になっていて、ちょうど庭園のあづまやのような目的をもっていた。部屋はフレスコ画やタイルで美しく装飾され、巨人の背後に控えるドラゴンは暖炉の煙突になっていた。鼻から吹き出す煙は、あたかも巨大な龍を生きているかのように見せたことだろう。フランチェスコI世は、巨人

アッペンニーノの像（ジャンボローニャ、1580）

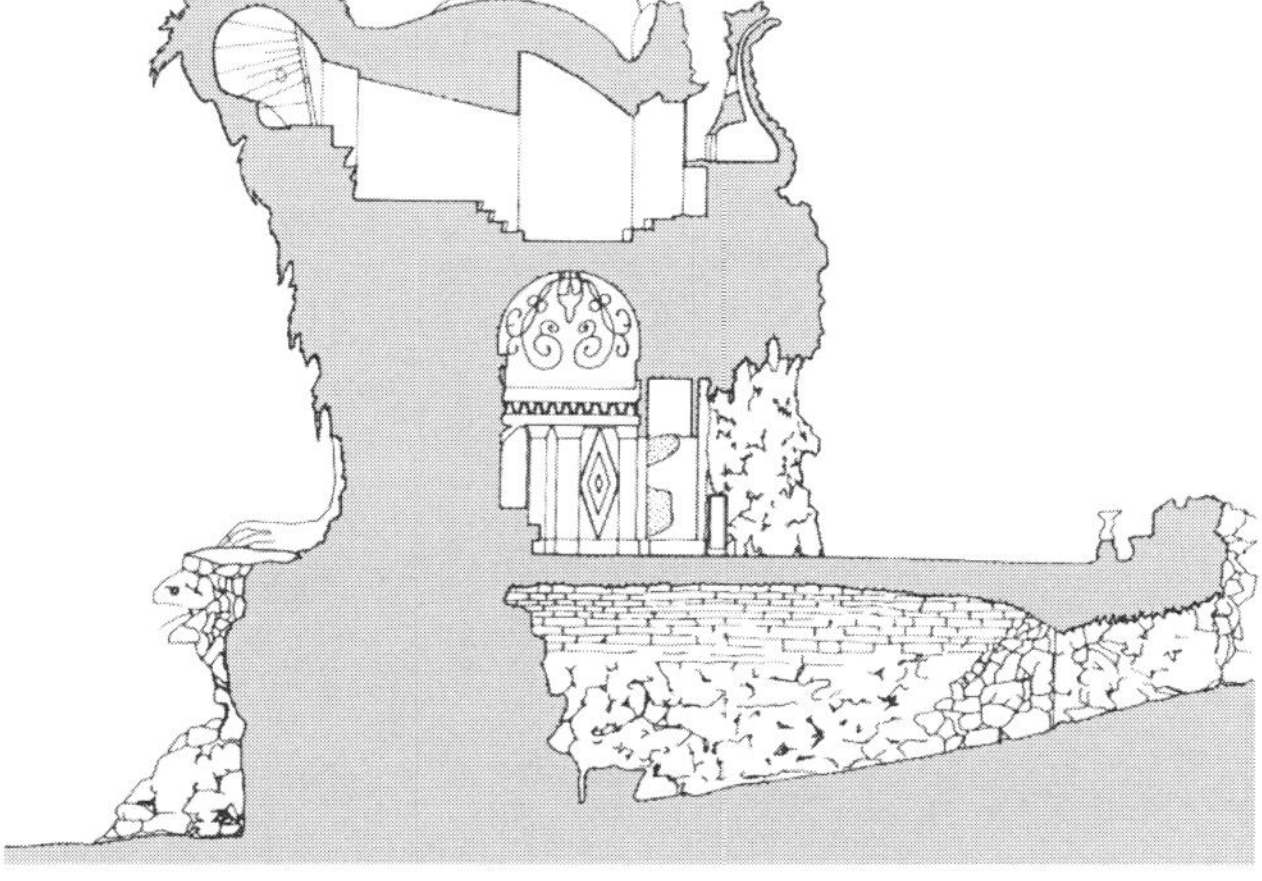

アッペンニーノの像　断面図

の目にうがたれた窓から、外の庭園をこっそり眺めるのを好んだという。

森の中には、こんもりした小山のような建物がある。正面から見ると、小さな異教の神殿にも見える建物は、「キューピッドの洞窟」と呼ばれるグロッタだ。鍾乳洞を模した内部は、壁一面が軽石でできた氷柱や貝殻で覆い尽くされている。頂部にはランタン状のトップライトがあって、わずかに自然光が入ってくる。フランチェスコは、ベンチに座る客が、お尻に向けて突然吹き出す噴水にびっくり仰天、慌てふためく様に大笑いした。またこのグロッタは、愛するビアンカと二人きりで静かに食事を楽しむ場所でもあった。

トスカーナ大公国を治める二代目としては、あまりにナイーブだったフランチェスコI世がつくり上げた理想郷の跡は、街からちょっと足を伸ばした家族連れやカップルたちがのんびりしたひとときを過ごす恰好のスポットとして、大いに親しまれている。

キューピッドの洞窟

第9章

田園の楽しみ方

田園風景の保存と活用

フィレンツェを州都とするトスカーナ地方は、キャンティに代表される高級ワインや風味豊かなオリーブオイルの生産で世界的に有名な農業地域である。街中から車で三〇分も走れば、なだらかに起伏する丘を覆う緑のカーペットのような牧草地、ブドウ棚の規則的なラインで覆われた斜面、薄緑の低木が並ぶオリーブ畑などが混じり合う牧歌的な風景に出会える。尾根をゆく道の両側には糸杉が植えられ、丘陵がつくる滑らかな曲線の中で、垂直方向のアクセントをかたちづくっている。

機械化が進んだ今日では、昔ながらの農作業こそ見られなくなったが、「コンタード」と呼ばれる都市周辺の農村の景色は、中世の時代からほとんど変わっていない。このような風景は歴史的都市や建築と同じく、長い時間と手間をかけて、人間が土地の特性を生かしながら少しずつつくりあげてきたものだ。イタリアでは美しい田園風景もまた、重要な歴史的文化財として認識されている。

しかし、こうしたかけがえのない風景も、経済優先の開発行為によって危機にさらされているのも事実だ。イタリアでは都市計画の上位計画として、風景計画の策定が州ごとに義務づけられており、それぞれ固有の地勢や風土、歴史や文化を考慮に入れながら、現代の生産活動との共存・共栄が図られている。田園風景を都市や建築と一体の文化財として捉えて、その保存・維持を図りつつ有効活用を考えていく姿勢

トスカーナの農村風景

には、日本も大いに学ぶべきところがある。

今日では豊かな田園風景や農作業の楽しみを気軽に味わえる施設がイタリア各地に設けられている。このような施設は「アグリトゥーリズモ」と呼ばれ、自前の農園でとれた野菜・果物やワイン、オリーブオイル、チーズ、ジャム、ハチミツなどの食材を使った料理を提供している。アグリトゥーリズモはもともとは農家に副収入を稼ぐ機会を与えるための支援政策で、当初は手づくり料理を提供する民宿程度だったが、国内の客のみならず外国からの旅行者にも高く支持されて、すっかりひとつの観光スタイルとして定着した。

豊富な建築ストックを誇るイタリアのこと、古い農家や農場を再生した素朴なものもあれば、かつてのヴィッラや修道院、古城を改修したリッチなプチ・ホテルまでバラエティに富んでいる。こうした宿にしばらく滞在して、自家製のおいしい料理を味わい、農作業に汗を流したり、地元ワインをテイスティングしてまわったり、乗馬やハイキング、釣りを楽しみながらのんびり休日を過ごすのがイタリア流だ。本章では、フィレンツェ近郊に散在するアグリトゥーリズモの魅力を紹介していきたい。

トスカーナの伝統料理

アペニン山脈の南斜面に湧く清水を源流とするアルノ川は、アレッツォの手前まで南下した後、北西に曲がってフィレンツェへと向かう。自然豊かなアルノ川渓谷沿いには、魅力あふれるアグリトゥーリズモが数多く点在している。以下、アルノ川を上流へとさかのぼりながら、当地のアグリトゥーリズモを訪れていこう。

フィレンツェから東に約一五キロ行ったところに、ポンタッシエーヴェの街がある。街は中世の時代、フィレンツェ共和国がロマーニャ地方との交易をコントロールするために設けた城に由来する。街の名前は、北からアルノに注ぐシエーヴェ川に架けられた橋（ポンテ）にちなむものだ。この辺りは古くからワインの産地として知られており、多くのアグリトゥーリズモがあるが、フィレンツェに近いことから宿泊よりも、週末にやってきて伝統的なトスカーナ料理を気軽に味わう場所として人気がある。

アグリトゥーリズモ（ポンタッシエーヴェ）

自然豊かな庭で夕食の支度を待つ客たち

友人一家に誘われてとある週末、この地のアグリトゥーリズモを訪れた。アルノ渓谷の半ば、フィレンツェから車で三〇分ほどのアグリトゥーリズモは彼らの行きつけの場所で、敷地内の森の中には乗馬やプールなどのレジャーが提供されている。暑い夏の盛りでも、涼やかな風が通りすぎる渓谷の気温は市内よりも三〜五度は低く、格段に過ごしやすい。

建物はレンガ造の古い農家を改装したもので、一階が厨房とレストラン、二階が客室になっている。かつては麦打ちなどの農作業の場だった前庭は、レンガ敷きの広いテラスと青々とした芝地に変わり、子供たちが元気に駆けまわっている。森の中をぶらぶらと散策したり、馬やロバと戯れたり、友人や周囲の客たちと世間話をしているうちに、食事の支度が整った。庭の傍らに鎮座する年代物の長く大きなテーブルを皆で囲む。

宿の女将お手製の名物料理は、自家製のサラミやハムの前菜に始まり、ご主人が先日裏山で獲ってきたというイノシシのパスタ、じっくり煮込んだ豆料理、野ウサギや地鶏、イタリア風ソーセージの炭焼きグリルといったトスカーナの田舎料理そのものだ。手の込んだ料理というよりは、新鮮な素材をそのまま味わうシンプルなメニューである。香り豊かな赤白のワインももちろん自家製で、樽から汲んだばかりのハウスワインが大きなデカンタに入って食卓に運ばれてくるが、みるみるうちに空になっていく。ボリュームたっぷりの豪快な料理の数々に、誰もが大満足で話も弾む。ちなみに、お値段も街中のレストランに比べてずいぶんお得である。ランタンの灯るテラスで、川のせせらぎを遠くに聞きつつ、なごやかな団らんは夜更けまで続いた。

高台のヴィッラ

ポンタッシエーヴェからアルノ川渓谷の上流に向かって南へ進むと、赤ワインの産地として名高いキャンティ地方に入る。丘陵地帯のなだらかな丘には、ブドウ畑やオリーブ畑がパッチワークのように入り交じる。この辺りは一般に「渓谷」と呼ばれているが、ポンタッシエーヴェから一八キロほど南に位置するフィリーネ・ヴァルダルノの一帯は、アルノ川の水流による浸食ではなく、太古の昔にここに存在した湖が決壊し、湖水が抜けた後にできた、大きなすり鉢のような地形をしている。レオナルド・ダ・ヴィンチはフィレンツェ政府よりこの地域の開発計画を依頼され、数点のスケッチを残している。急斜面に石を積んでひな壇をつくり、そこにオリーブの木を植えた段々畑が延々と続く眺めは、トスカーナ地方伝統の田園風景だ。

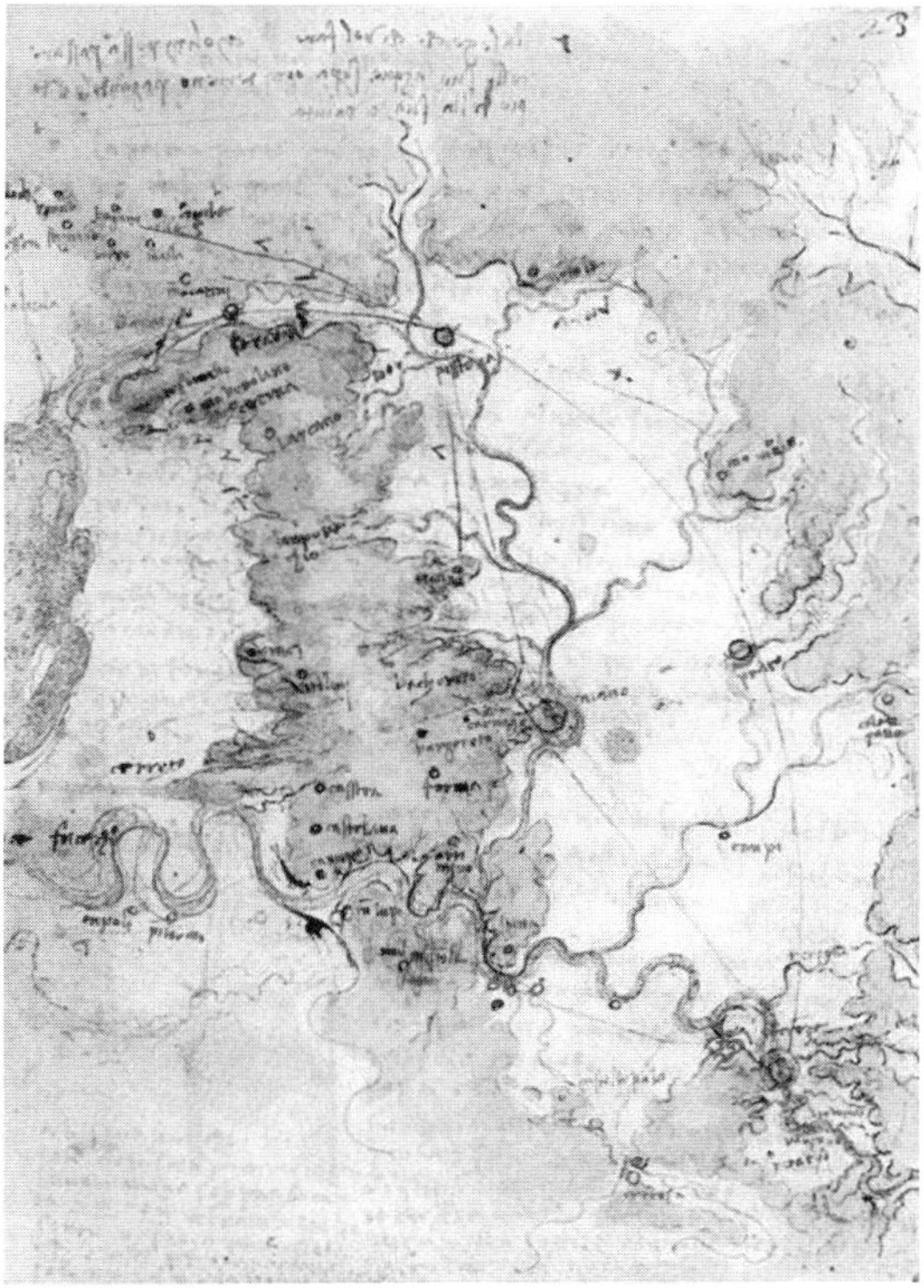

L.ダ・ヴィンチによるアルノ川流域の開発計画（1503-04）

渓谷を見降ろす標高五〇〇メートルの高台に「カーサ・カレス」がある。このアグリトゥーリズモは、フィレンツェの貴族クアラテージ家が一七世紀に開発したグラッフィ農園とヴィッラがもとになっている。農園は一九世紀に最盛期を迎えるが、二〇世紀半ばに破綻し、分割・売却された。今日ではプロテスタントの一派、ワルドー派の団体が経営するアグリトゥーリズモとなっており、五ヘクタールの森と四ヘクタールの畑には、オリーブやブドウをはじめとするふんだんに果樹園と有機栽培の野菜農園があり、自家製の食材を使った素朴な料理を楽しむことができる。施設はグループミーティングや各種セミナーの場としても盛んに使われている。こんなところで合宿すれば、素晴らしい成果が期待できそうだ。

私は連休を利用して、恩師ご一家と一緒にこのアグリトゥーリズモを訪れた。正面の大きな時計と入口のロッジアが印象的なヴィッラが、カーサ・カレスの中心的な建物だ。ここには客室と大きな食堂、厨房、サロンや会議室が置かれている。サロンの大きな暖炉にくべられた薪がはぜる前で、宿泊客は新聞を読んだり、おしゃべりに興じたりなど、思い思いに過ごしている。

敷地内には、かつての礼拝堂を改造した劇場が残る。クリスマスなどのイベント時に使われるのみで、普段は閉鎖されている建物を覗いてみた。なるほど祭壇こそ無いが、吹抜けをもつ空間構成は礼拝堂そのものだ。二階席を拡張して、馬蹄形の観客席に改造しているのが面白い。立派な丸太の小屋組は、まだまだしっかりしている。

地下に降りると、使われなくなって久しいオリーブオイルの搾油場が残されていた。壁に立てかけられた巨大な古銭のような石の円盤は、「モラッツァ」と呼ばれる挽臼だ。中央に軸を差した石盤は縦に置かれて、ぐるりぐるりと回転しながらオ

カーサ・カレス。高台に建つヴィッラ（右）と劇場（左下）

オリーブオイルの搾油場

壁に立てかけられたモラッツア（挽臼）

客室の窓から望むアルノ川渓谷

リーブの実をすりつぶす。ペースト状になったオリーブを集めて円形のフィルターにのせ、梃子の原理でぎゅっと絞れば、とろりとオイルが流れ出す仕組みである。石の床には、オイルを絞った円い台座が残されている。

搾油場から外に出ると、その横には巨大な倉庫群が並んでいる。倉庫は丘の斜面と一体化し、建物の上部はヴィッラ前の広場につながっている。倉庫には隣の搾油場でつくったオリーブオイルをはじめ、ワインや穀物など農園で採れた農産物が一同に集められ、市場へと送られていた。倉庫の中では、宿泊客の子供たちが卓球に熱中している。高窓から差し込む光がスポットライトのように、古ぼけた卓球台を照らしている。

倉庫を出てヴィッラへと戻る途中で偶然、小さな工房を見つけた。中には木材が山積みで、ボール盤やフライス盤など各種の工作機械が据えられている。あいにく誰もいなかったが、テーブルの上には解体された年代物の箪笥が丁寧に並べられている。ここではヴィッラや農場にある家具や扉、窓枠などの木製品を修理しているのだ。歴史的建物を使い続けるために必要不可欠なメンテナンスが、敷地内で完結している様子に感銘を受けた。

部屋に戻り、窓から渓谷を望む。高台から眺めると、ゆるやかなすり鉢状になった周辺の地形が手にとるようにわかる。眼下には緑の農地が広がる。素晴らしい夕食を楽しんだ次の朝、大きく窓を開けた。夜の間に湿った空気はすり鉢の底にたまり、一面の白い雲海と化している。その上には、燦々と輝く朝日が照っている。しばし眺めていると、底のガスが薄れて徐々に農地の緑が姿を現してくる。数時間後には、前日と変わらぬ澄んだ見晴らしが目の前に広がっていた。白く煙る渓谷の底に、太古の湖の姿を想像したのはいうまでもない。

田園の理想郷

アルノ川渓谷をさらに南東にさかのぼった、アレッツォに至る手前の高台には、リゾート施設「イル・ボッロ」がある。高級ブランド靴のサルヴァトーレ・フェラガモが、小さな寒村を丸ごとひとつ再開発してつくりあげた、壮大なアグリトゥーリズモだ。

ボッロ村は、フィレンツェとアレッツォの境に位置した中世の城塞を起源とする。切り立った絶壁の上に建つ小さな城塞都

イル・ボッロ。中世そのままの村へと架かる石橋

村内の路地

市は、フィレンツェの有力貴族パッツィ家が管理していた。一三四四年の戦いでボッロがアレッツォの手に落ちると、広場で処刑された同家の者の遺体は、無残にも谷底を流れる川に投げ込まれたという。一四九四年より、村はフィレンツェの支配下に入る。トスカーナ大公フェルディナンドⅡ世は、信頼する将軍アレッサンドロ・ダル・ボッロに城を譲渡した（一六四四）。その後一九世紀初め、村はアオスタ公によって買い取られるが、第二次大戦中はドイツ軍に占領され、連合軍の進撃を阻止するためにパラッツォが破壊された。一九九三年にフェラガモ家の所有地となった村は、細心の注意を払いつつ一一年の年月をかけて注意深く復元され、新たな命を吹き込まれた。

約七〇〇ヘクタールにもわたる敷地内には、ゴルフや乗馬、釣り、テニスなど数多くのレジャーが用意され、トスカーナの自然の中で存分に楽しめるように工夫されている。イル・ボッロの広大な農園では、オリーブオイルやハチミツ、さらにはキアーナ牛や競走馬の飼育も行われている。特に事業の中心としてワインの製造に力を注いでおり、四〇ヘクタールの畑で収穫されたブドウを使った三銘柄がつくられている。

宿泊施設はメイン棟のラ・ヴィッラと村内のアパートメントのふたつに分かれる。延床面積一二〇〇平方メートルのヴィッラはサウナやジム、プールを備えた豪華なリゾートホテルに改装され、各種パーティや結婚式会場にも供されている。

興味深いのは、中世の村内に設けられた八軒のアパートメントだ。大戦後、廃墟と化していた村の修復に際しては、中世の農村のイメージを大切にして、建物の外観には手を加えず、敷地内の樹木は一本たりも切られなかった。絶壁の上に建つ村へ入るためには、渓谷をまたぐ石橋を渡る。細い路地に面しては靴屋、刺繍、金細工の店、ガラス工芸品店などが並び、ショッピングだけでなく伝統工芸の制作体験もできる。中にはピノキオの物語の一場面や、昔の村の生活をジオラマで再現したミニ・ミュージアムもあって、日帰りでもけっこう楽しめる。

村への入口である石橋のたもとには、評判のレストランがある。ここには宿泊客だけでなく、遠方より多くの客が訪れる。彼らの目当てはいうまでもなく、敷地内で採れる新鮮な食材を使った伝統のトスカーナ料理だ。

ブランド企業を経営する一族が、トスカーナの魅力を満喫する理想郷としてつくり上げたイル・ボッロは、アグリトゥーリズモのひとつの到達点といえるだろう。

ブリケッラ農園

トスカーナ州の南部、かつてナポレオンが流刑されたエルバ島を対岸に望む丘陵地帯に、スヴェレートの街がある。市壁に囲まれた小さな中世都市は、ものの一〇分もあれば端から端まで歩いていける。時計塔を兼ねた市庁舎は、レンガの赤と石材の白の鮮やかな対比が美しい。市庁舎前を通る街のメインストリートの一角に、一軒の食料品店がある。こちらで扱う有機ワインやオリーブオイル、無農薬のジャムやハチミツのラベルには、みな「ブリケッラ農園」の銘が印されている。

イタリアきっての工業デザイナー、ジョルジェット・ジウジアーロとともに数々の名車を生み出し、トリノの自動車産業界で活躍される宮川秀之氏は一九八三年、四家族との共同経営で「ブリケッラ共同農園」をスタートさせた。一〇万坪の農園で、理想の共同生活を行うのが目的だったという。しかし方向性の違いから後に共同経営は解散し、農園はすべて宮川氏が引き取ることとなった。

ブリケッラ農園では、有機栽培にこだわったワインづくりに力を注いでいる。トスカーナ産ワインのベスト五に選ばれた「トゥスカニオ」は、最先端の設備を導入したカンティーナ（ワイン蔵）から生み出される逸品だ。

農園のある一帯は、かつて古代エトルリア人が支配した地域だった。農園から南西に一〇キロの位置にあるピオンビーノ岬の北端には、エトルリア人の都市ポ

ブリケッラ農園。ブドウ畑の眺め

カンティーナ（ワイン蔵）の内部

プローニアの遺跡がある。ここは古代の鉄器生産の本拠地だった場所で、海岸沿いには溶鉱炉の跡が残されている。ピオンビーノ岬からフェリーでエルバ島に渡れば、ポルト・フェッライオの港に着く。エルバ島は古代より鉄鉱石の産地として知られ、採掘された原料は本土の製鉄所へと運ばれていた。地名のフェッライオ（鍛冶屋の意）も鉄に関連したものだ。コジモI世が開発した、丘の斜面に広がる要塞と整然とした街並みは、彼の名にちなんで「コスモポリス」とも呼ばれた。失意のナポレオンが過ごしたヴィッラは、今では彼の記念品を飾る博物館になっている。夏になれば、島の美しい海岸には海水浴客が押し寄せる。

ブリケッラ農園には、海辺でのバカンスとおいしい料理を求めて来る人たちが絶えない。各種メディアでも評判の農園には、イタリア人はもちろんのこと、ドイツ、アメリカ、日本など世界各国から客が訪れる。アグリトゥーリズモ最大の楽しみであるトスカーナ料理を提供するのは、地元の主婦ラウラさんだ。夏の夕べは庭に大きなテーブルを並べて、宿泊客が皆で一緒に食事をとる。空気の澄みきった夜空には、星が大きく見える。ランプの明かりで照らされた食卓を囲めば、見知らぬ人たちとも自然に打ち解けてくる。おいしい食と共に、田園の中でゆったりと流れる時間を楽しむこと、これこそがアグリトゥーリズモの醍醐味なのだ。

田園の家

イタリア人の友人たちの中には、市内の本宅とは別に、郊外にセカンドハウスをもつ者が多い。両親から相続した田舎の家であったり、仲間たちと共同でシェアする農家だったりと、規模や内容は様々だが、共通しているのは田園の中に、もうひとつの生活の場をもつという点だ。週末は家族で町を離れてセカンドハウスに赴いて、畑に出て農作業に汗をかいたり、潮風に吹かれて釣りをしたり、また時には一人で執筆や制作などの作業に没頭する。場所を変えて気分をリフレッシュし、気楽な時間を楽しむ。特にレジャーに精を出すというのではなく、あくまで日常生活の延長であるのが特徴だ。そんな彼らの生活ぶりを、郊外のとある住まいを通して見てみよう。

フィレンツェの北東に位置するセスト・フィオレンティーノの街は、陶磁器のブランド、リチャード・ジノリの本拠地とし

オリーブ畑と周辺の山々を望むテラス

田園の家。奥は母屋、手前が長男夫婦の住まい

て知られる。町名のセストとは「六番目」を意味する。イタリアで順番がつく地名は、必ずといっていいほど古代ローマのマイルストーン（里程標石）での距離を表している。ローマ人は道路を建設するとき、一マイル（約一・四八キロ）ごとに標石を設置した。この地には、プラートに向かうカッシア街道上に、ローマ都市フロレンティアから数えて六番目のマイルストーンがあったのだ。周辺の地名、テルツォッレ（三番目）、クアルト（四番目）、クイント（五番目）らも同様である。

新緑が清々しい初夏の日曜日に、フィレンツェから七マイルの距離に位置するセッティメッロ（七番目）の街から、丘を登りきった頂きにあるカーサ・コロニカ（田園の家）を訪ねた。ここは、先に紹介したピラストリ通りの家の上階に住む友人の実家である。敷地面積は約七〇〇〇平方メートルあり、その半分は森に覆われている。これに加えて、オリーブ栽培を主とする畑を約四万平方メートル所有する。農地内には管理人の住まいがあって、管理業務の報酬の一部として無償で住むことが認められている。

広大な敷地内には、両親と末の息子が住む母屋、その向かいに長男一家が住む別棟がある。二軒共に、一四世紀につくられたという農家を改造したものだ。庭の片隅には、ローマ時代の地下貯水槽が残されている。

ご主人はセスト・フィオレンティーノで、ベルトなどの留め金具をつくる会社を経営されている実業家だ。奥様はバルジェロ美術館の職員だったが、退職後は貧しい移民に衣服を届ける慈善活動にボランティアで参加されている。友人一家は多忙の合間を縫って、週末などを利用してちょくちょく訪れているという。

延床面積約三〇〇平方メートルの母屋は、八〇年代初頭の購入時には既に大

壁に銅鍋が掛けられた田舎風の台所

書斎内部

きく改装されていて、基本的にはそのまま住み続けている。一階にはサロン、食堂と台所、友人の書斎がある。背表紙も立派な古書がずらりと並ぶ書斎は、彼女が結婚して実家を出た後も、そのままの状態で残されている。

サロンの窓辺のアルコーブに腰かけて、しばしくつろぐ。目の前には石張りのテラスがあって、そこからはオリーブ畑や周囲の山々を見渡すことができる。片隅のブランコは、孫たちのお気に入りの場所だ。

広くて明るい台所は、料理好きの奥様の城。白い壁には田舎の家らしく、たくさんのフライパンや銅鍋が掛けられている。彼女の夢は、この場所で小さなレストランを開くことだとか。

二階へ続く階段は吹抜けになっていて、内装はモルタル吹付けの粗面仕上げ。照明も含め、七〇年代の趣味が残っている。二階には夫婦の寝室と次男の個室、客室がある。寝室の一辺に据えつけられた大きなアイボリー色のクローゼットは、部屋に暖かみを与えている。

若夫婦は街中に住み、両親は少し離れた田舎に居を構える。休みの日には若夫婦が両親のもとを訪れ、老夫婦は平日、孫の世話に街を訪れる。こうしたパターンは、特に共働きの家庭に多いようだ。そして今回私たちを招待してくれたように、彼らは田園の実家やセカンドハウスに気の合う友人たちを招待して昼食を共にしたり、パーティを開く。おしゃべり好きで、もてなし上手なイタリア人は、こうした家族単位でのイベントが本当に大好きなのである。自然豊かな環境のもと、大切な家族や親しい友人たちと過ごすのは、シンプルで最高に贅沢な休日の過ごし方だ。田園訪問のお土産に、自家製のオリーブオイルを分けていただいた。市販のものとはひと味違う、深い滋味がうれしい。

コラム4 フィレンツェに住む

振り返れば、私はいつもフィレンツェの東側を生活の拠点としてきた。レプッブリカ広場からは、古代ローマのデクマヌス（東西軸）に由来する通りがベッカリーア広場まで一直線に延びている。中心部から離れるにつれて、華やいだ繁華街から気取らない日常生活の場へと、徐々に街の表情が変化していく。その途中にあるボルゴ・デリ・アルビツィ通りのアパートから始まって、私はずっとこの近辺を好んできたが、それにはいくつかの理由があった。

まずは気さくな雰囲気が、下町生まれの私の気風にしっくりあったこと。それに、大学にも近くて便利だった。サンティッシマ・アンヌンツィアータ聖堂の裏手にある建築学部の本部まではゆっくり歩いても一五分程度。美術史研究の殿堂、通称ドイツ研も目と鼻の先だ。

さらに家族で住むとなると、それなりの環境を考える必要がある。治安や衛生面が気になるし、子供たちの遊び場も考慮したい。結果として、学生の頃から勝手よく知るサンタ・クローチェ地区に再び舞い戻ってきたのだった。

同地区にあるサンタンブロージョ市場は、サン・ロレンツォ中央市場に次ぐ、フィレンツェ市民の台所である。一九世紀の鉄骨平屋建ての建物の中には肉屋、魚屋、乾物屋、パン屋、簡易食堂などが、一方場外には八百屋をはじめ、衣料品や雑貨などの屋台が立ち並ぶ。

昼時には、市場の向かいにある旧修道院を改造した大学の校舎から、お腹を空かせた学生たちがやってくる。フィレンツェ名物のモツ煮込み、トリッパの屋台は、いつも黒山の人だかりだ。ある日、大学の設計課題の発表展示会が市場内で行われていた。パニーノをかじりながら、近所の主婦も肉屋の親父も皆、学生の作品を眺めながら意見を言い合ってゆずらない。

この界隈はフィレンツェでも指折りのレストランの本拠地になっていて、値段の張る高級店から大衆的なトラットリア、バールやピッツェリアまで系列店が軒を連ねている。私のお気に入りは、同店が経営する会員制のレストランだ。かつて塩倉庫だった店内には、ガラス張りの厨房が設けられている。昼間は、ここで気軽なビュッフェ形式のランチをとることができる。「料理が出来上がったぞ」と声をはりあげるシェフの口上を聞いて、客はおもむろに皿をもって並ぶのだ。

夜になると、レストランは平土間の劇場へと早変わりする。愉快なコメディーやコンサートを楽しみながら、今度は素晴らしいコース料理に舌鼓を打つ。天井の高い旧倉庫の空間は、ユーモアと音楽と美食に満たされる。

サンタンブロージョ市場。場内に並ぶ食料品の数々

プラート門の脇を通過するトラム（市電）

第3部　再生 RESTAURO

ルネサンスの都にあこがれて、フィレンツェには世界中から年間八〇〇万人の観光客が訪れる。観光業はこの街の主要産業のひとつであり、過去の文化遺産は経済活動という観点からも重要な資源となっている。しかし一方で、この歴史的都市では今日の市民生活のありようにあわせて、古い街並みも少しずつ変化し続けている。建築とは人間の生活を包む器である。その中身である人間のライフスタイルが変われば、器にも同時に新陳代謝が求められるのは当然のことだ。しかしかけがえのない文化遺産を残しつつ、現代の生活と歴史的環境との間で折合いをつけていくためには、慎重な判断と絶え間ない研鑽が常に必要とされる。

❖都市と建築のレスタウロ

イタリアでは一般に芸術作品を修復することを「レスタウロ」と呼ぶ。破損したり、絵の具がはげてしまった美術工芸品を手当し、もとの姿へと復元する技術は、長年の経験と最先端の技術に裏付けられた高度なものだ。この言葉は都市や建築に対しても用いられ、「都市のレスタウロ」「建築のレスタウロ」といった概念が存在する。美術工芸品であれば、作品が完成された時点の輝きを取り戻すのが使命となるが、都市や建築の分野ではレスタウロという語は都市全体の機能回復・再生から建築物の改修・改築まで、単なる「修復」という意味にとどまらない、より幅広く実用的かつ積極的な意味合いで用いられる。

これまで紹介してきた例に見るように、年代物の建物に上手に手を加えて、現代のライフスタイルに合わせて住みこなしていくのは、イタリアでは至極当たり前の行為である。朽ち果てた教会や修道院、貴族のパラッツォでも、適切なレスタウロを施すことによって、美術館やオフィス、学校、商業施設など新しい用途を与えられ、質の高い建築空間へと生まれ変わる。熟慮の上で慎重に加えられた新しい要素は既存のそれと調和し、相乗効果も相まって、新旧それぞれの魅力を引き出す。その結果、上質のレスタウロによって生み出された空間は、新築ではもち得ない豊饒な奥行を獲得する。

レスタウロの計画とは、対象建物がつくられた当初のオリジナルな姿を復元するだけではない。その建物がもつ固有の歴史性や芸術性、周辺環境との関係、さらに今日求められる現代的機能など、多角的な観点から十分に考慮したうえで、これからも生活を包む器として使い続けていくために、最も効果的な処方を提案するのだ。

世界で最も数多くの世界文化遺産を抱え、歴史的都市と建築の質と量で他を圧倒する国イタリアでは、レスタウロの理念と技術は大きく進んでいる。そして、建物の特徴や都市におけるポジションに応じて、実に幅広い介入の方法が存在する。

レスタウロにおいて、古い建物に手を入れて既存の歴史的要素に介入していくことを「インテルヴェント」と呼ぶが、この言葉は同時に「外科手術」を意味する。入念な調査をもとに、機能不全を起こした要素を見つけだし、適切な手当を施して建物全体の回復を目指すレスタウロにとって、正にふさわしい用語だ。

長年にわたって積み重ねられた増改築の作業は、建物内外に層状に積み重なっている。レスタウロは各種文献の調査と平行して、実測調査によってその各層を丁寧に見つめ、対象の本質的な部分を確認し、その全体像を正確に把握することから始まる。これが築数百年、場合によっては一〇〇〇年を超える歴史的建築物の場合、どの時点の層に価値を置くべきか、一概には判断できない。その際には、ビルディング・ヒストリーという概念が重要となる。

レスタウロの例
カステル・ヴェッキオ美術館（C.スカルパ、ヴェローナ、1954-67）

レスタウロの例
セニガッリア市立図書館（M.カルマッシ、アンコーナ近郊、1998）

後世に付加された設備や間仕切り壁など、本質的に重要ではない部分は撤去し、できる限り本来の姿を取り戻すことが介入作業の主体となるが、埋め立てられていたアーチや柱、何層にも描き重ねられたフレスコ画など、建物の由来と今日に至るまでの過程、ビルディング・ヒストリーを表す要素は肯定的に保存され、建物の個性として積極的に活用される。本書で紹介した建物の中でも、サン・ピエール・マッジョーレ広場のアーケード（第2章）、高級ホテルに改装されたパリアッツァの塔（第5章）、サン・ジュゼッペ通りの家に残る修道院回廊の円柱（第7章）などは、ビルディング・ヒストリーを雄弁に語る好例だ。

今日では歴史的建築や街並みの価値を建物自体に語らせ、見るものにアピールすることがますます大切になってきている。優れて魅力的で、なおかつ十分使える建築であることを知らしめ、その価値を共有してもらうことが、歴史的建築や街並みの維持と継承にとって不可欠なのである。

フィレンツェの街中では、常にいずれかの建物に足場が組まれ、途切れることなくレスタウロが続けられている。レスタウロの現場はもはや、今日の街並みの一部となっている。最近では足場を覆う目隠しシートをキャンバスに見立てて、スポンサーの巨大な広告のみならず、完成予想図がリアルに描かれた工事現場もあり、周囲の景観への配慮が感じられるものも増えてきた。フィレンツェを訪れるたび、見学を楽しみにしていた建築がすっぽりと覆いに隠されているのを見て、私も始めは落胆するばかりだったが、都市と建築のレスタウロについて理解を深めるにつれて、美しくよみがえった建物との再会を待つ余裕をもてるようになった。

修復中の建物。ファサードを模した足場の覆いシート

二一世紀のフィレンツェでは、都市の活性化を目的とする数多くの意欲的なプロジェクトが進められている。産業・交通に関するもの、文化・芸術活動に関するもの、福祉・安全に関するものなど内容は広範囲にわたり、またその実現に向けての方法も、新築とレスタウロとがバランスよく組み合わされているのが特徴だ。

以下この最終章では、歴史的都市フィレンツェの今を伝えるべく、現在進行中の各種プロジェクトを含む、市内の代表的なレスタウロ事例を紹介していきたい。

第10章

フィレンツェの今

カレッジのマイヤー小児病院

フィレンツェの中心部から北へ四キロほど行くと、カレッジ地区が広がる。ゆるやかに起伏する丘陵地は、メディチ家が初期のヴィッラを営んだ土地である。老コジモの憩いの館は、ラルガ通りのパラッツォの建設に先立ち、ミケロッツォによって既存の建物を改装してつくられた（一四二七）。ミケロッツォはヴィッラ周囲に堀を、最上階には張り出した胸壁を巡らせて、別荘というよりも要塞のような姿を与えた。このヴィッラは第1章で触れたプラトン・アカデミーの本拠地として、フィチーノをはじめとする人文主義者たちが集まるサロンが開かれ、フィレンツェ・ルネサンス文化のゆりかごとなったのだった。

今日のカレッジは、フィレンツェ大学医学部付属の病院施設が集中する医療地区として知られている。この地では二〇世紀初めよりフィレンツェ市を中心に、サンタ・マリア・ヌォーヴァ病院の協力で、近代的な病院施設の計画が進められてきた。一九二〇年代には部分的ながらカレッジ病院が開館し、活動を開始する。

九〇年代、歴史的中心地区の外れにあった小児科専門病院のカレッジ地区への移転が計画される。ジョバンニ・マイヤー侯爵の寄付で創設された病院はイタリア初の小児病院（一八八四）であり、フィレンツェ大学医学部との密接な連携によって、トスカーナ州における

マイヤー小児病院。レセプション棟

待合ホール。既存建物の前面に増築された樹状構造の空間

小児医療の中核として運営されている。カレッジへの移転において、マイヤー小児病院はヴィッラ・オンニサンティと呼ばれる、七ヘクタールの敷地内に点在する施設のひとつをレスタウロして使うことになった。

二〇〇七年にオープンした小児病院は、一二〇床の病室とデイ・ホスピタル用二六床をもつ、レスタウロと新築・増築を組み合わせた興味深い施設となっている。レセプションおよび救急・生理検査部門は、歴史的なヴィッラを模した二〇世紀初頭の建物に入居している。この建物と、最新医療機器を備えた専門外来がある中心施設とは、木造屋根をもつガラス張りの渡り廊下で結ばれている。歩みながら見渡す、広い敷地内の豊かな緑が目に心地よい。

外来の待合室は、吹抜けの大きなホールになっている。ホールは既存建物の前面に増築されており、ヴォールト屋根はゆるくカーブを描く木造の束ね柱で支えられている。ガラスの壁面を覆う格子越しに差し込む日光は、木漏れ日を思わせる。樹木を模した白い束ね柱が一直線に連なる光景は、まるでヴィッラを囲む林の中にいるようだ。

診療を待つ子供たちを和ませるスタッフ

待合ホールの一角には、お絵かき用のテーブルや玩具が置かれたプレイコーナー、子供向けの図書室が用意されている。娘を連れて病院に行ったときのことだ。ベンチに座って診察を待っていると、体中にサックス、ハーモニカ、カスタネットなどの楽器をぶらさげた男性スタッフが演奏しながら親しげに近づいてきた。彼は子供たちをリラックスさせるピエロ役なのだ。子供たちは自然と彼の元に集まり、楽しそうに歌やゲームを始めた。最初は遠巻きに見ていた娘も、しばらくすると彼らの輪に加わり、すっかり打ち解けたようだ。白衣の医師たちは子供たちにほほえみを見せながら、カルテ片手に足早に通り過ぎていく。

旧レオポルダ駅

街の西側、アルノ川沿いに延びるカッシーネ公園は、かつてトスカーナ大公の狩猟場だった土地だ。一八世紀末に公園として整備されて以来、市民の憩いの場として親しまれている。一六〇ヘクタールの公園内は、ピラミッドや「インディアーノ」と呼ばれるマハラジャの墓碑、競馬場など多彩な建物が散在する。

公園に隣接する旧レオポルダ駅は、フィレンツェ最初の鉄道駅（一八四一）だった。しかし、より都心部に近いサンタ・マリア・ノヴェッラ駅が鉄道の中心となったため、レオポルダ駅は一八六〇年に閉鎖される。その直後から広大な駅舎の活用法が検討され、翌年には早速、イタリア初の国内見本市が開かれた。イタリア王国の首都時代（一八六五〜七一）には税関が置

旧レオポルダ駅前広場（G.アウレンティ、1996）

旧駅舎内。イベント会場の様子

旧駅舎内。レンガのアーチの下で開かれる見本市

かれ、駅舎の一部は事務所に改装される。首都移転後は残された軌道を活かして鉄道のメンテナンス工場に使われ、大戦中には砲弾の工場となった。

戦後は鉄道関係の倉庫として使われてきたが、一九九三年より多目的ホールとしての活用が始まった。現在はイベント企画会社によって運営される旧レオポルダ駅は、ファッションショー、ダンス、演劇、現代アート、食品見本市など様々なイベントの会場として、積極的に活用されている。

延床面積約六〇〇〇平方メートルの建物は、レオポルダ駅とアルカトラズの、大きく二つのエリアに大きく分けられる。鉄骨トラスの大屋根で覆われたレオポルダ駅は、平均高さ七・五メートル、最大長さ一四〇メートルの大空間をもつ。駅の奥に位置するアルカトラズは、コンクリート構造の柱と梁が露出した二層の旧倉庫だ。イベント内容に合わせて、各々のエリアが上手く使い分けられている。基本的にはレンガむき出し、がらんどうの大空間を、その都度デザインして華やかなステージへと仕立て上げる。環状道路に面した駅前広場は、パリのオルセー美術館のレスタウロを担当した女流建築家ガエ・アウレンティが設計したものだ。駅舎の構造をイメージした鉄骨の柱と梁が立ち上がる広場は、イベント会場への効果的な導入口になっている。

クリスマスも近づいた年の瀬、娘の音楽発表会を見るため、旧レオポルダ駅を訪れた。駅の内外はイルミネーションにあふれ、華やいだ雰囲気に満ちている。ブースが建て込む見本市会場とはレンガのアーチで仕切られた、少々奥まった場所に小さな舞台が設けられていた。詰め掛けた父兄が見守る前で、子供たちは次々とレッスンの成果を披露する。広大な駅構内には子供たちの歌声がこだまし、聖夜近くにふさわしい、ほのぼのとした空気に包まれていた。

トラムの建設

私が滞在していた二〇〇七年、フィレンツェの街はトラム（市電）の建設をめぐって、激しく揺れていた。市の計画は三本の路線を新たに設置し、都市中心部と周辺住宅地および空港、病院地区を結ぶというものだ。すでにヨーロッパ諸都市では環境と景観保護の目的からトラムの導入が積極的に図られており、フランスのニースやボルドーなどの都市では最新型の列車が市内を縦横に走っている。

特に街の中心部では、トラムの導入によってバス路線を一部廃止し、歩行者空間を増やそうという目的がある。排気ガスを出さず、振動や騒音も少ないトラムは、歴史的都市と建築の保存の観点からも非常に望ましい交通機関だ。さらに今日のひどい渋滞が少しでも緩和されれば、利便性のみならず環境保全や交通安全の面からも理想的といえる。

私の周辺では建設賛成の声が大多数だったが、市民の間でも様々な意見が飛び交い、なかなかひと筋縄ではいかなかったようだ。五〇年前に一度廃止したトラムをなぜ今になって復活するのか、トラムではバスよりも乗客輸送量が減るので非合理的ではないか、料金が値上げされるのではないか、いやそれよりも地下鉄を通したほうがよいなどなど……。左派の市長はトラム推進派だが、これに対する市議会の右派は建設反対運動を繰り広げるなど、状況は政治的な思惑もからみ、いかにもイタリアらしく混乱を呈していた。

こうした議論の末、二〇〇八年二月に行われた市民投票で、建設の可否が改めて問われた。開票の結果、建設反対が過半数を占めるも、投票率は五割を満たさなかった。トラムに賛成する大多数の良識派は、建設は当然行われるものと考えて、わざわざ投票場に足を運ばなかったということらしい。最終的に市は投票結果を強制力なしと判断し、予定通りの計画推進を発表した。

立ちはだかる数々の壁を乗り越えて、ともかくフィレンツェと郊外のスカンディッチを結ぶ全長七・四キロのＴ１ラインが二〇一〇年二月に開通した。トラムの軌道下には都市ガスと上下水道のパイプラインが一緒に整備された。駅と軌道の両側には無数の糸杉が植えられ、都市から郊外へと延びる緑の軸線を形づくる予定だったが、こちらは未完のまま。

シルバーのボディに赤いラインのスマートなデザインの車両は、サンタ・マリア・ノヴェッラ駅横の停留所からすると音もなく走り出す。トラムは環状道路を西へと進み、旧レオポルド駅前を通過してカッシーネ公園を抜け、新たに架けられた歩行者・自転車・トラム専用橋でアルノ川を渡っていく。

現在計画中のT2ラインはリベルタ広場からサン・マルコ広場、ドゥオーモ広場の前を抜けて空港まで走る。T3ラインはサンタ・マリア・ノヴェッラ駅からマイヤー小児病院があるカレッジ地区まで延びる予定だ。乗り心地も良く、時間通りに目的地にたどり着けるトラムの評判は上々で、残るラインの建設を望む声は高まりつつあるようだ。ドゥオーモ周辺の完全歩行者空間化と並び、歴史的都市における交通機関のあり方は現在、大きな岐路に立っているといえる。フィレンツェのトラム建設は都市の今後を占う重要な課題であり、今後も注目し続けていきたい。

大ウフィツィ計画

大ウフィツィ計画。忙しげにクレーンが働く工事現場（2009）

フィレンツェを代表する芸術の殿堂、ウフィツィ美術館には、今日に至るまで様々な改装の手が加えられてきた。ウフィツィの美術館としての歴史は、フランチェスコⅠ世が建物最上階のロッジアをメディチ家の古代美術コレクションを飾るギャラリーとして改修させたことに始まる（一五八一）。ブオンタレンティの手により、当初は半屋外の空間だったロッジアはガラス窓で閉鎖され、明るい室内空間となった。ギャラリーの天井は、幻想的かつ精緻なグロテスク様式のフレスコ画で彩られた。

八角形の部屋「トリブーナ」は、ギャラリーの中核として設けられた部屋だ。不思議な構成の部屋は、古代ローマの建築家ウィトルウィウスの建築書に書かれたアテネの風の塔に影響を受けたといわれる。真珠貝を一面に貼り付けた天を象徴するドームの頂部から差し込む光は、火を象徴する赤い壁面に掲げられたメディチ家ゆかりの絵画、土を象徴する見事な床モザイク、ジャンボローニャ作のブロンズ像をやわらかく照らす。

東翼内部には同じくブオンタレンティの設計により、二〜三階にまたがるメディチ劇場（一五八六）がつくられた。この劇場は、宮廷演劇の専用施設として設けられたもので、パルマのファルネーゼ劇場をはじめとする同時代の劇場建築のモデルとなった。劇場は一八八九年に上下二層に仕切られ、下階は現在、版画とデッサンのコレクションの展示室となっている。上階は美術館の展示室（ボッティチェッリの間）として、一九五六年にジョバンニ・ミケルッチ、カルロ・スカルパらによって改装された。

一九九三年五月二七日夜、ウフィツィはマフィアが仕掛けたとされる爆弾によって、ギャラリーとヴァザーリ回廊の一部が破壊される。周辺建物への被害も大きく、五人の死者を出した爆発音は、当時ボルゴ・デリ・アルビツィ通りに住んでいた私

西階段の完成予想図（A.ナタリーニ、2006）

展示室の完成予想図

にも聞こえたほどだ。被害を被ったコレクションの断片は注意深く集められ、長期間にわたるレスタウロの末、再び西翼ギャラリーとともに一般公開された。美術館背後のランベルテスカ通りは長らく封鎖され、犠牲者を悼む献花がいつも絶えなかったことを覚えている。

今、ウフィツィ広場の一角には、忙しく働くクレーンの姿がある。二〇〇六年一月より、当地ではグランディ・ウフィツィ（大ウフィツィ）計画が進行中だ。この計画は一九六六年の洪水後、街の東へと移転した国立古文書館の跡地を活用して、展示面積の増床と設備の近代化を図るものである。これまで古文書館があった二階には新たに一連の展示室が設けられ、工事後の展示面積はこれまでの約二倍となる。新展示室には、スペースの関係でこれまで日の目を見なかった、カラヴァッジョなどの収蔵作品が展示される予定だ。

ウフィツィ美術館の新ロッジア案（磯崎新、1998）

建物各部のレスタウロと合わせて、アドルフォ・ナタリーニ設計による新たな階段とエレベータが設置され、館内各階への移動もよりスムーズになる。美術館入口は従来通りウフィツィ広場に面した東翼の一階で、チケット購入後、まずはヴァザーリの大階段もしくはエレベータで三階まで上がる。東翼から西翼へ、ブオンタレンティが改装したギャラリーを従来のルートで見学し、新たに設けられる「郵便配達夫の中庭」内の西階段で二階へと降りる。今度はここから西翼から東翼へ、トスカーナ、エミーリア、ヴェネト地方などの画家の作品が並ぶ新設の展示室を、三階とは逆のルートで進む。見学が終わったら、東棟の端にある旧サン・ピエロ・イン・スケラッジョ聖堂の横、こちらも新設の東階段で一階に降り、グラーノ広場に面した美術館出口へと至る。

グラーノ広場にはかつて、増え続ける来館者に対応するため、新たな美術館入口の設置が検討されたことがある。一九九八年に行われた国際設計競技では日本人建築家、磯崎新氏による提案が最優秀賞に選ばれた。高さ三〇メートルの放射状に開くガラスのキャノピーは、四体の立像が立つ入口前の広場を覆う。鉄骨の構造はピエトラ・セレーナで覆われ、ウフィツィ広場のポルティコとの親和性が図られた。しかしモダンなデザインは、各方面からの批判も受ける。地元文化人からの共感と支援は数多く得られたものの、建設予定地で発見された遺構の発掘調査を含む諸事情により、工事は長らくストップしたままだ。

共和国時代には造幣局が置かれ、一九世紀からは郵便局として使われていた西翼の一階には、ガラス屋根で覆われた中庭にレストランが設けられる。素晴らしい眺めを誇るロッジア・ディ・ランツィ屋上のカフェにも、吹抜けの西階段に設置されるエレベータで直行できるようになる。収蔵作品の素晴らしさに対して、展示空間としての内装や設備は古色蒼然だった美術館は、近代化が一気に進む予定だ。

オブラーテ図書館

二〇〇七年春、大聖堂の裏手に位置する、かつての修道院を再生した市立オブラーテ図書館がオープンした。一三世紀に設立されたオブラーテ修道院には、サンタ・マリア教会を中心として、在家のまま奉仕活動を行う女性看護師たちの組織が置かれていた。サンテジディオ通りを挟む向かい側に、フィレンツェ最古の病院サンタ・マリア・ヌォーヴァ病院が建設された後も、修道院は一九三六年まで病人看護の場として機能していた。

修道院の建物はその後、イタリア先史・原始時代研究所、市立中央図書館、フィレンツェ都市史博物館が入居する複合施設として使われてきた。中でも都市史博物館「フィレンツェ・コメ・エラ」(かつてのフィレンツェの意)は、古代都市フィオレンティアやメルカート・ヴェッキオの復元模型、様々な時代の地図や風景画、メディチ家のヴィッラを描いたルネッタなどが展示され、大変見ごたえがある。

新たに開館したオブラーテ図書館は、地上階にある既存の中央図書館とは別に、より市民に開かれた文化施設としてつくられたものだ。オリウォーロ通りからの正面入口は、ゆるい坂になっている。これを登りきると彫刻が並ぶ小広場を経て、美しい中庭にたどり着く。半円アーチが並ぶ三層の中庭は、高く成長した木々が涼しい木陰を提供する、落ち着きのある空間だ。

オブラーテ図書館。中庭の眺め

フレスコ画が残る児童書コーナーの内部

かつて療養中の患者たちが休息した場所で、来館者は仲間とおしゃべりしたり、カフェを飲んだりして、ひと息入れている。

この中庭は各階の閲覧室へのアプローチを兼ねている。階段を登ると二階には一般書、雑誌、マルチメディアやコミックなどの開架閲覧室が並ぶ。最上階の三階には、木造の屋根に覆われたロッジアが広がる。大聖堂のクーポラが間近に迫る半屋外の空間には、カラフルなテーブル席が並ぶ。ノートパソコンを広げた若者たちの合間を抜けていくと、その奥は児童書コーナーだ。正面奥の壁には一四世紀のフレスコ画が残る。かつての修道院の気配が色濃く残る空間は、茶目っ気たっぷりの家具や照明でコーディネートされており、子供たちをあたたかく見守っている。

由緒ある旧修道院の建物はオブラーテ図書館の開設を機に、オリウォーロ通りを挟んで建つ市立古文書館と共に、新たな知の中心として活気づいている。

レ・ムラーテの再生計画

歴史的中心地区の東の外れ、環状道路に面した位置に、大規模な再生計画が進むレ・ムラーテがある。ここには一四二四年創建のサンティッシマ・アンヌンツィアータ・デッレ・ムラーテ女子修道院があった。「ムラーテ」とは壁に囲まれた場所を意味する。少女時代のカテリーナ・デ・メディチ、後のフランス后妃が暮らした修道院は、代々のメディチ家に保護され、市内最大の女子修道院として栄えた。ギベッリーナ通り沿いの外壁には、サンタ・マリア・デッラ・ネーヴェ礼拝堂（一六世紀末）のファサードが残されている。一八〇八年に修道院が廃止された後、建物の用途は大きく変わっていった。

現在のヴェルディ劇場が建つ位置には、かつてものものしい巨大な壁で囲われたスティンケ刑務所があった。一三世紀末に建てられた刑務所は政治犯と戦争捕虜を収容し、マキャヴェッリやヴィッラーニも収監されたという。高い壁で街から閉ざされていた旧ムラーテ修道院は、一八八三年から一九八五年までの約一〇〇年、スティンケに代わって刑務所として使われることとなった。第二次大戦中は、ナチズムに反対する政治犯専用の牢獄となる。一九六六年の洪水の際には、房に閉じ込められた囚人たちの救出劇が繰り広げられた。刑務所が郊外へと移転した後は、環状道路に面した広場が駐車場に使われた以外、建物は廃墟のままに放置されていた。

一九九八年から始められた旧監獄の再生は、歴史的中心地区内に手頃な価格で良質な住宅を供給するべく、ＥＵからの財政援助を受けた市が主体となって進められている。再生計画全体のガイドラインは、イタリアを代表する建築家レンツォ・ピアノ氏を中心にまとめられた。計画のコンセプトとして、建物の形態的互換性、居住可能な住宅建設の原則、都市へのムラーテの開放、の三点が挙げられた。七つのエリアに分けられたレ・ムラーテは、市営住宅、商業施設、公共施設、大学図書館、レジスタンス博物館などが入る大型複合施設として生まれ変わる。

既存建物のレスタウロと新築を組み合わせて実現される市営住宅は、主に低所得の若い家族向けに、約四〇～九〇平方メートルの計七三戸が建設される。住宅群は、ムラータ広場とヴェルデ（緑）広場のふたつを取り囲むようにして設けられる。

再開発計画の核心であり、歴史的建築の都市への〝開放〟を象徴する空間でもあるヴェルデ広場（口絵参照）は、ふたつの既存の中庭を結合しつつ、老朽化した建物を取り壊してつくられた約二〇〇〇平方メートルのオープンスペースだ。この広場は住宅各棟へのアプローチを担う他、周辺にあるフィレンツェ大学、サンタンブロージョ市場、ヴェルディ劇場など、近隣の各種施設から外部の利用者を引きつける役目をもつ。

地上階に商業施設が入るEブロックは、レスタウロによってしか得られないユニークな建物だ。囚人を収監していた房がバルコニー沿いに並ぶ四層吹抜けの大空間は、両端の壁が撤去され、細長い街区を横断する「旧監獄通り」となった。アーチが連なる屋上からは自然光が降り注ぎ、かつての陰鬱な刑務所とは、がらりと表情を変えている。一方で房の戸口には大きな錠前のついた木の扉がそのままに残されており、建物の出自をおのずと意識させられる。

旧監獄通りの東側に位置するEブロックの外壁は、ヴェルデ広場の背景となっている。壁面から飛び出した箱は住宅のバルコニーだ。広場中央には細長く延びる石造のフォンターナ（泉）が設置された。石の上面に刻まれた水路を流れる水は、アルノ川を連想させる。広場東側、レンガのアーチで仕切られる小さな中庭には、ガラス張りの市民ギャラリーが設けられ、絵画展や住民集会、はたまた子供たちのお誕生会や気軽なパーティーなどが開かれる多目的スペースとして大いに活用されている。

広場の一角に残る修道院のポルティコには、カルチェリ（監獄）という名のしゃれたレストランがオープンした。こちらは伝

レ・ムラーテ外観（アニョーロ通り側）

ムラータ広場。旧監獄通りの西隣に位置するオープンスペース

外壁に残るサンタ・マリア・デッラ・ネーヴェ聖堂のファサード

街区を横切る旧監獄通り

旧独房の入口扉

統的なトスカーナ料理を出す店として人気の店だ。

広場に面した建物四棟のうち、Ｆブロックのバルコニーを支える円柱は斜めに立ち上がり、生まれ変わった広場のアクセントとなっている。建物は地上四層で、アニョーロ通りに面するアーケードには社会福祉局のオフィスが置かれている。上階の住宅へは、ヴェルデ広場から階段とエレベータでアクセスする。住宅の仕様は、欧州復興計画E.R.P.の基準に基づいて決定された。各階に二軒ずつ配置された住宅は各々約六〇平方メートルと七九平方メートルで、二〜四人の家族での利用を想定している。これらの住宅はすべて、片廊下式に並ぶ独房をレスタウロしたものだ。三房を一軒の住宅として統合し、リビング・ダイニングと個室二部屋として再生された。水周りや設備関係は、道路側の旧廊下部分に収められている。

修道院から刑務所へ、長い歴史をもつ建物は明るい広場を取り囲む庶民の居住空間へと、見事に変貌を遂げた。バルコニー下に停められた自転車の群、柵からあふれそうな鉢植えの緑、ひるがえる万国旗のような洗濯物は、この建物が暗い歴史を乗り越えて、新たな生活の場としてしっかりと根付き始めたことを饒舌に物語っている。

ヴェルデ広場から見たFブロック正面。バルコニーの支柱がランダムに並ぶ

住民の自転車が並ぶバルコニーの足下

アーチを介して広場とつながる市民ギャラリー

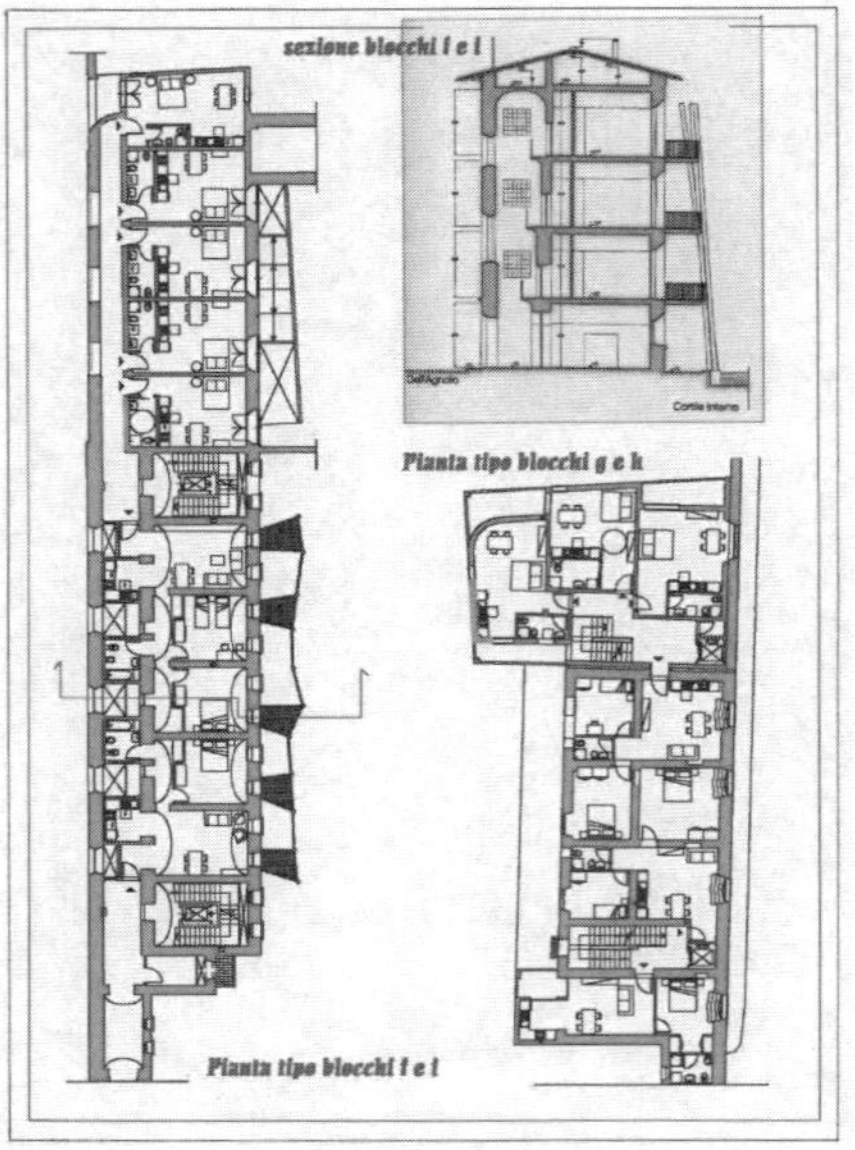

Fブロック 平面図。独房を改装した住戸

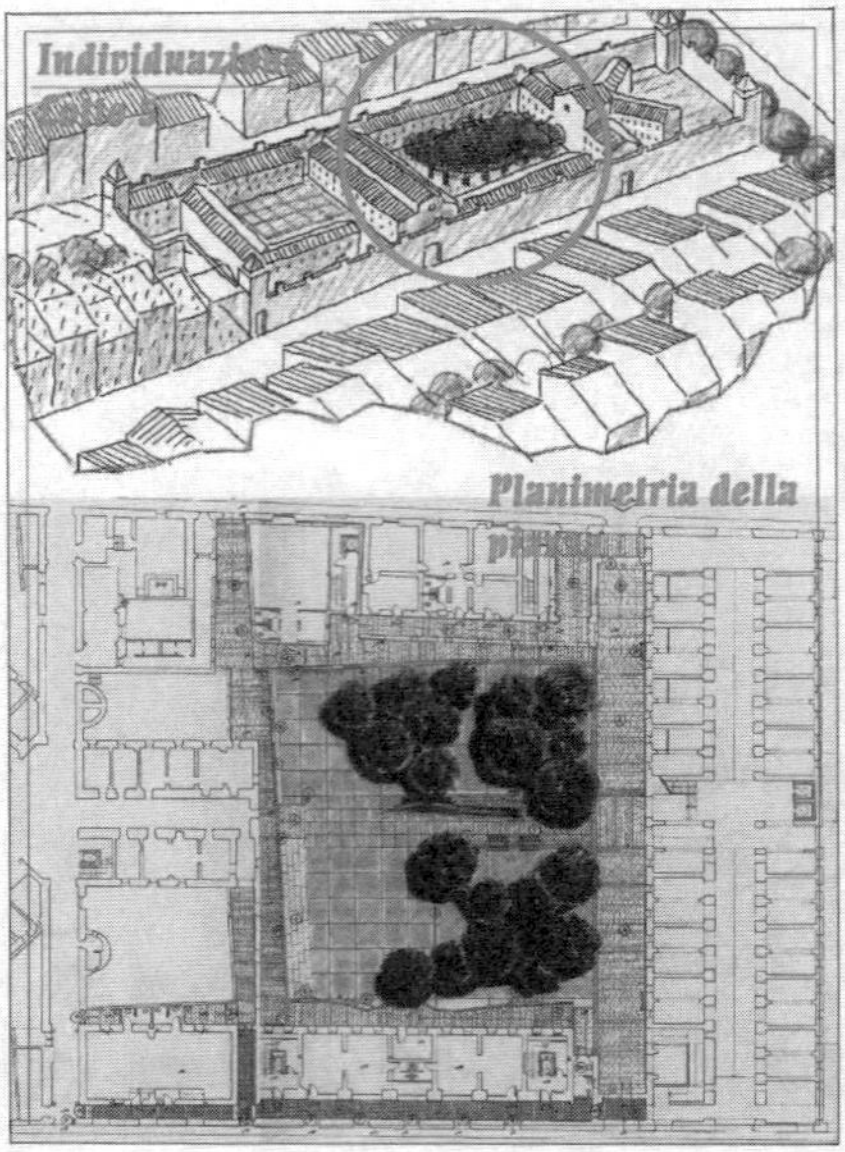

ヴェルデ広場 平面図。新たに設けられた都市のオープンスペース

ヴェルデ広場の中央に置かれたフォンターナ

おわりに

はじめに述べたように、本書は三井ホーム「デザイナーズポケット」に連載された「フィレンツェ便り」が基になっている。まずはその執筆の機会を与えていただいたのみならず、本書の出版を快諾してくださった同社に、心から感謝の意を表したい。

私が初めてイタリアを訪れた時に最も心惹かれたのは、数多くの小住宅が隙間なく集合してつくる、ほどよい大きさの街並みだった。それは現代の都市から失われて久しい、ふらふらと歩いていて心地よい、長い年月をかけてじっくりと育まれたヒューマンスケールの空間である。古い建物が美しく再生され、生活の場として丁寧に使われ続けている姿は、今の日本の街ではなかなか見られないものだ。

実際にイタリアの歴史的な建物で暮らしてみると、構造や設備、狭くて急な階段、小さな窓、コスト面での多少の不利はあるものの、その空間の魅力は不便を補ってあまりあるものだった。このような「住まい」という視点からならば、私にも何か貢献できるのではないか、と思い立った。フィレンツェ便りの連載を続ける内に話はさらにふくらみ、都市空間や郊外のヴィッラ、アグリトゥーリズモ、今日の都市再生の動きなど、住宅の枠に収まりきらない内容になった。ぶしつけにもプライベートな部分にまで及んだにも関わらず、快く調査にご協力いただいた現地の方々には感謝の念に堪えない。

連載内容を一冊の本にまとめようと考えたのは、帰国後まもなくのことだった。話を持ちかけた鹿島出版会の相川幸二氏には、留学中に担当した雑誌『SD』の記事から始まり、勤務校の教科書出版まで長らくお世話になっている。私の希望を聞き入れて本書を編集してくださった同氏には、ここで厚く御礼申し上げたい。

フィレンツェでの長期在外研究を終えて早や三年が過ぎようとしているが、現在でも調査や研究、打合せなどで同地に赴くことがしばしばだ。今後も引き続き、彼の地の都市と建築、現地の人々と積極的に関わっていきたいと思う。また本書の中には、広範囲を狙ったゆえの間違いがあるかもしれない。もしも誤りが見つかったならば、どうかご勘弁のうえ、ぜひご教示をお願いしたい。

住まい、そしてレスタウロという視点からは、この街がもつ本当の豊かさ、奥深さを垣間見ることができたように思う。この本を手にとられた方がフィレンツェを訪れる時、ひと味違った街の顔を見るための手引きとして本書が役立つことがあれば、著者として望外の喜びである。

二〇一一年新春　　黒田泰介

参考文献

A.A.VV., Cento anni di restauro a Firenze, Firenze 2007.
A.A.VV., Cupola di Santa Maria del Fiore. Tra ipotesi e realtà, Bologna 2005.
A.A.VV., Firenze Romana. Dal I secolo a.c. al V secolo d.c., Firenze 2007.
A.A.VV., Giardini di Toscana, Milano 1991.
A.A.VV., Guida d'Italia. Firenze e Provincia, Milano 1993.
A.A.VV., L'architettura di Lorenze il Magnifico, Firenze 1922.
A.A.VV., Leon Battista Alberti Architetto, Firenze 2005.
A.A.VV., Piazze d'Italia, Roma 2005.
A.A.VV., Storia urbana a Firenze, Roma 1989.
A.A.VV., un' idea per le murate, Milano 1988.
I.L.Ballerini, Le ville medicee. Guida completa, Firenze 2006.
F.Bandini, Su e giù per le Antiche Mura, Firenze 1983.
M.D.Bardeschi, Firenze architettuta città paesaggio, Roma 2006.
P.Bargellini, Com'era Firenze 100 anni fa, Firenze 1998.
E.Barletti, Vedute di Firenze tra il seicento e il novevento, Firenze 2009.
S.Bracciali, Restaurare Leon Battista Alberti. Il caso di Palazzo Rucellai, Firenze 2006.
E.Capretti, Brunelleschi, Firenze 2005.
R.Cecchi-A.Paulucci, Cantiere Uffizi, Roma 2007.
F.Cesati, Firenze Antica. Dall' epoca romana al medioevo nelle 100 cartoline di corinto corinti, Roma 2004.
F.Cesati, Le strade di Firenze, Roma, 2005.
Comune di Firenze, Le Murate. Situazione al Settembre 2001, Firenze 2001.
C.Conforti, Giorgio Vasari architetto, Milano 1993.
C.Conforti-A.Hopkins, Architettura e tecnologia. Acque, tecniche e catieri nell' architettura rinascimentale e barocca, Roma 2002.
R.Davidsohn, Storia di Firenze. Le origini, Firenze 1956.
E.Detti, Firenze Scomparsa, Firenze 1970.
G.Fanelli, Firenze architettura e città, Firenze 1973.
G.Fanelli, Firenze, Bari 1983.
G.Fanelli-M.Fanelli, La cupola del Brunelleschi, Firenze 2004.
G.Fanelli, La vita urbana nel corso del tempo, Firenze 2005
G.Fanelli-F.Trivisonno, Toscana, Firenze 1990.
S.Fei, Firenze. Profilo di stria urbana, Firenze 1995.
A.Grafton, Leon Battista Alberti. Un genio universale, Bari 2003.
G.Grassi, Leon battista Alberti e l' architettura romana, Milano 1997.
F.Grimaldi, Le "Case-torri" di Firenze, Firenze 2005.
D.Guccerelli, Stradario storico biografico della città di Firenze, Roma 1985.

G.Di Leva, Firenze. Clonaca del diluvio 4 novembre 1966, Firenze 1996.
L.Macci-V.Orgera, Architettura e Civiltà delle Torri, Pisa 1994.
G.L.Maffei, La casa fiorentina nella storia della città, Venezia 1990.
L.Mercanti-G.Straffi, Le torri di Firenze e del suo territorio, Firenze 2003.
D.Mignati, Le Ville Medicee di Giusto Utens, Firenze, 1988.
A.Mori-G.Boffito, Firenze nelle vedute e piante, Roma 1926.
G.Orefice.Rilievi e memorie dell'antico centro di Firenze.1885-1895, Firenze 1986.
G.Poggi, Sui lavori per l'ingrandimento di Firenze (1864-1877), Firenze 1882.
M.Pozzana, I giardini di Firenze e della Toscana. Guida completa, Firenze 2001.
M.Zoppi-C.Donati, Guida ai Chiostri e Cortili di Firenze, Firenze 1997.
アントニオ・マネッティ『ブルネッレスキ伝』浅井朋子訳、中央公論美術出版、1989.
コーリン・ロウ『イタリア　一六世紀の建築』稲川直樹訳、六曜社、2002.
ジュリオ・カルロ・アルガン『ブルネッレスキ』浅井朋子訳、鹿島出版会、1981.
ジョイア・モーリ『ウフィツィ美術館』石鍋真澄訳、日本経済新聞出版社、2001.
B・ジョヴァネッティ、R・マルトゥッチ『建築ガイド5　フィレンツェ』野口昌夫、石川清共訳、丸善、1995.
ジョルジョ・ヴァザーリ『ルネサンス画人伝』平川祐弘他訳、白水社、1982.
ジョルジョ・ヴァザーリ『続ルネサンス画人伝』平川祐弘他訳、白水社、1995.
ジョルジョ・ヴァザーリ『ルネサンス彫刻家建築家列伝』森田義之監訳、白水社、1989.
クリストファー・ヒバート『フィレンツェ』上・下、横山徳爾訳、原書房、1999.
クリストファー・ヒバート『メディチ家　その勃興と没落』遠藤利国訳、リブロポート、1984.
ニッコロ・マキャヴェリ『フィレンツェ史』上・下、大岩誠訳、岩波文庫、1997.
パウル・ファン・デル・レー他『イタリアのヴィラと庭園』野口昌夫訳、鹿島出版会、1997.
ピーター・マーリ『イタリア・ルネサンスの建築』長尾重武訳、鹿島出版会、1991.
ピエール・アントネッティ『フィレンツェ史』中島昭和他訳、白水社、1986.
ロジャー・D・マスターズ『ダ・ヴィンチとマキアヴェッリ』常田景子訳、朝日新聞出版、2000.
ロス・キング『天才建築家ブルネレスキ』田辺希久子訳、東京書籍、2002.
ロラン・ル・モレ『ジョルジョ・ヴァザーリ』平川祐弘訳、白水社、2003.
相川浩『建築家アルベルティ』中央公論美術出版、1988.
高橋友子『捨児たちのルネッサンス』名古屋大学出版会、2000.
北田葉子『近世フィレンツェの政治と文化』刀水書房、2003.
黒田泰介『ルッカ一八三八年　古代ローマ円形闘技場遺構の再生』アセテート、2006.
陣内秀信『都市を読む・イタリア』法政大学出版局、1988.
陣内秀信他『図説西洋建築史』彰国社、2005.
高階秀爾『フィレンツェ　初期ルネサンス美術の運命』中央公論新社、1966.
中嶋浩郎、中嶋しのぶ『フィレンツェ歴史散歩』白水社、2006.
野口昌夫『イタリア都市の諸相』刀水書房、2008.
森田鉄郎『イタリア史』山川出版社、1976.
若桑みどり『世界の都市の物語13　フィレンツェ』文藝春秋、1994.

図版出典

第1部

第1章

P.20（上） G.Fanelli, 1983.
P.23 G.L.Maffei, 1990.に加筆
P.25 G.Fanelli, 1983.
P.29（下） Bell. Italia. No.215. Milano 2004.
P.34（上） グアルドラーダの部屋、パラッツォ・ヴェッキオ内
P.34（下） P.Bargellini, 1998.
P.35（上） E.Detti, 1970.
P.37 S.Fei, 1995.

第2章

P.42、P.52 G.Zocchi, 1754.
P.47（上） サン・マルコ美術館所蔵
P.49（下） 撮影：片山伸也
P.50（上） G.Stradano, 1561-62.

第3章

P.60（下） G.Zocchi, 18C
P.65、66 関東学院大学黒田研究室作成

第4章

P.77（上） サン・マルコ美術館所蔵、1437-46.
P.80（上） G.Zocchi, 1754.
P.80（中） C.Canella, 1830.
P.83（中）、P.83（下） P.Bargellini, 1998.
P.86 F.Gioli, 1911.

コラム2

P.91（下） G.Di Leva, 1996.

第2部

第5章

P.96（上） ビガッロのロッジア内、慈悲の聖母像の一部
P.97 G.L.Maffei, 1990.
P.98 G.Fanelli, 1973.
P.100（左上） A.A.V.V., 1989.
P.105（上） P.Bargellini, 1998.
P.113、114 関東学院大学黒田研究室作成

第8章

P.163（上）、P.167（上）、P.169（上）、P.172（上） フィレンツェ都市史博物館所蔵
P.163（下） O.Scarabelli, 1589.
P.164（上） G.Vascellini, 1789.
P.173（中） G.Fanelli, 1990.

第9章

P.179 マドリッド手稿Ⅱ（1491～1505）内
P.186（上、下） ブリケッラ農園提供

第3部

第10章

P.200 R.Cecchi, 2007.
P.201 磯崎新アトリエより
P.208（上2点） Comune di Firenze, 2001.

前記以外は、すべて著者およびStudio TAI（黒田直子）撮影、図版作成

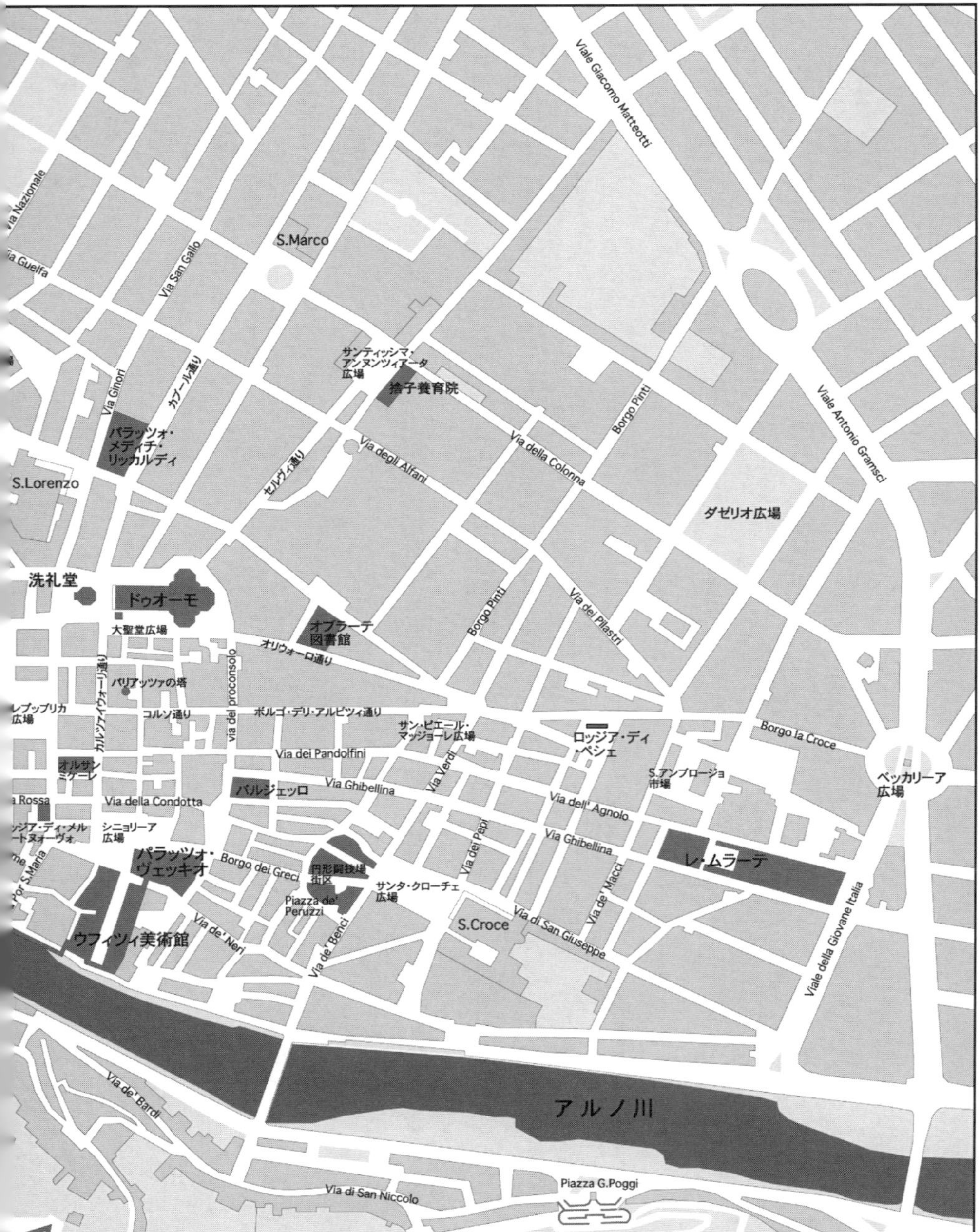

Viale Giacomo Matteotti
ia Nazionale
ia Guelfa
Via San Gallo
S.Marco
サンティッシマ・
アンヌンツィアータ
広場
捨子養育院
Via Ginori
カブール通り
パラッツォ・
メディチ・
リッカルディ
S.Lorenzo
セルヴィ通り
Via degli Alfani
Via della Colonna
Borgo Pinti
Viale Antonio Gramsci
ダゼリオ広場
洗礼堂
ドゥオーモ
大聖堂広場
オブラーテ
図書館
オリウォーロ通り
Borgo Pinti
Via dei Pilastri
パリアッツァの塔
カルツァイウォーリ通り
via del proconsolo
レプッブリカ
広場
コルソ通り
ボルゴ・デリ・アルビツィ通り
サン・ピエール・
マッジョーレ広場
ロッジア・ディ
・ペシェ
Borgo la Croce
Via dei Pandolfini
S.アンブロージョ
市場
ベッカリーア
広場
オルサン
ミケーレ
バルジェッロ
Via Ghibellina
Via Verdi
Via dell' Agnolo
a Rossa
Via della Condotta
ッジア・ディ・メル
ートヌォーヴォ
シニョリーア
広場
Via Ghibellina
パラッツォ・
ヴェッキオ
Borgo dei Greci
円形闘技場
街区
Via dei Pepi
レ・ムラーテ
me
Por S.Maria
サンタ・クローチェ
広場
Piazza de'
Peruzzi
Via de' Macci
S.Croce
Via di San Giuseppe
Viale della Giovane Italia
Via de' Neri
Via de' Benci
ウフィツィ美術館
Via de' Bardi
アルノ川
Piazza G.Poggi
Via di San Niccolo
ェデーレ要塞
Giardino Bardini
ミケランジェロ広場

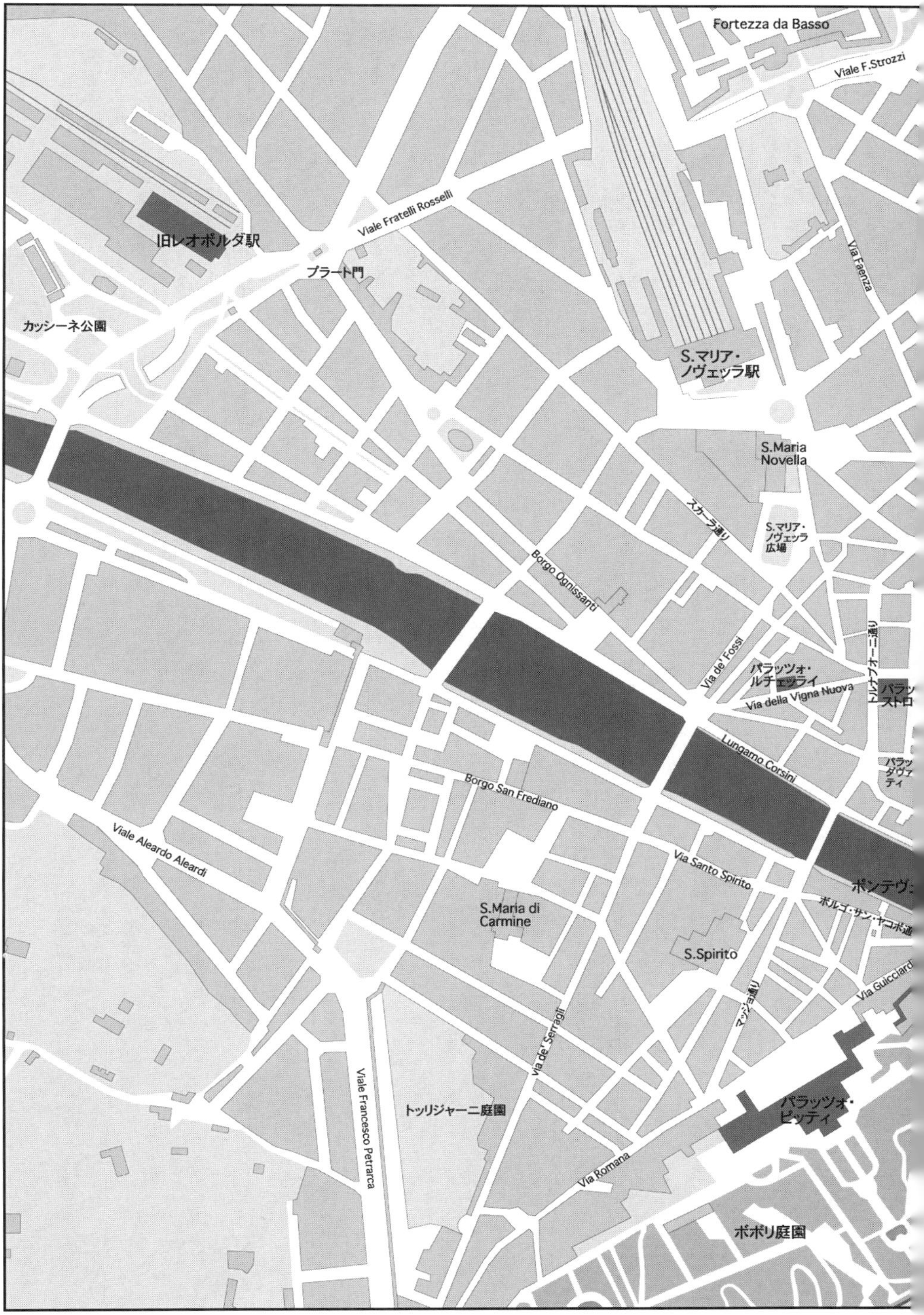

Fortezza da Basso
Viale F.Strozzi
Viale Fratelli Rosselli
旧レオポルダ駅
プラート門
カッシーネ公園
Via Faenza
S.マリア・ノヴェッラ駅
S.Maria Novella
スカーラ通り
S.マリア・ノヴェッラ広場
Borgo Ognissanti
Via de' Fossi
パラッツォ・ルチェッライ
Via della Vigna Nuova
トルナブオーニ通り
Lungarno Corsini
Borgo San Frediano
Viale Aleardo Aleardi
Via Santo Spirito
S.Maria di Carmine
S.Spirito
マッジョ通り
Via de' Serragli
Viale Francesco Petrarca
トッリジャーニ庭園
パラッツォ・ピッティ
Via Romana
ボボリ庭園

著者略歴

黒田泰介（くろだ・たいすけ）

一九六七年　東京都生まれ
一九九一年　東京芸術大学美術学部建築科卒業
一九九二～九四年　伊政府給費留学生としてフィレンツェ大学建築学部 都市・地域計画学科に留学
一九九五～九八年　M.カルマッシ建築設計事務所（フィレンツェ）に勤務
二〇〇〇年　東京芸術大学大学院博士課程修了
二〇〇七年　フィレンツェ大学客員研究員
現在　関東学院大学工学部准教授　専門：建築計画、再生計画（レスタウロ）
博士（美術）
著書　「ルッカ 一八三八年」、アセテート、二〇〇六年
"LUCCA 1838", Maria Pacini Fazzi Editore, Lucca, 2008（以上単著）
「建築を知る」建築学教育研究会編、鹿島出版会、二〇〇四年
「住宅をデザインする」建築学教育研究会編、鹿島出版会、二〇〇七年
"Lucca, l'Anfiteatro di carta", Maria Pacini Fazzi Editore, Lucca, 2008（以上共著）

イタリア・ルネサンス都市逍遙　フィレンツェ：都市・住宅・再生

発行――――――二〇一一年三月一〇日　第一刷発行
著者――――――黒田泰介
発行者―――――鹿島光一
発行所―――――鹿島出版会
〒104-0028　東京都中央区八重洲2丁目5番14号
電話　〇三―六二〇二―五二〇〇　振替　〇〇一六〇―二―一八〇八八三
ブックデザイン――田中文明
印刷・製本―――三美印刷

ISBN978-4-306-04551-4　C3052　Printed in Japan

URL：http://www.kajima-publishing.co.jp
E-mail：info@kajima-publishing.co.jp